전통
미술의
상징
코드

전통 미술의 상징 코드
상징으로 읽는 옛사람들의 마음

허균 지음

2025년 9월 9일 초판 1쇄 발행

펴낸이 한철희 | 펴낸곳 돌베개 | 등록 1979년 8월 25일 제406-2003-000018호 | 주소 (10881) 경기도 파주시 회동길 77-20 (문발동) | 전화 (031) 955-5020 | 팩스 (031) 955-5050 | 홈페이지 www.dolbegae.co.kr | 전자우편 book@dolbegae.co.kr | 블로그 blog.naver.com/imdol79 | 인스타그램 @Dolbegae79 | 페이스북 /dolbegae | 편집 한광재 | 표지 디자인 박연미 | 본문 디자인 이은정·이연경 | 마케팅 고운성·김영수·정지연 | 제작·관리 윤국중·이수민·한누리 | 인쇄·제본 영신사

ISBN 979-11-94442-50-9 (03600)

ⓒ 허균, 2025

책값은 뒤표지에 있습니다.

상징으로
읽는
옛사람들의
마음

전통
미술의
상징
코드

허균 지음

돌베개

책을 펴내며

경복궁 경회루 연못을 한 번쯤 찾아가 본 적이 있을 것이다. 언뜻 봐서는 섬이 두 개만 있는 것처럼 보이지만 실제로는 경회루가 있는 섬을 포함해 모두 세 개의 섬이 있다. 이 세 개의 섬은 단순한 경물이 아니라 해도(海島) 신선설의 무대로 조성된 것이다. 그리고 경회루의 가장 중요한 건축적 특징은 석조 기둥이 방주와 원주로 구성돼 있다는 점이다. 이 기둥에는 미적 효과나 역학적 기능을 넘어선, '천원지방'(天圓地方: 하늘은 둥글고 땅은 네모나다)이라는 전통적 우주 구조론이 적용되어 있다. 경회루를 예로 들었지만, 전통 건축물이나 조형물 등 모든 전통 미술에는 선조들의 우주관과 자연관, 종교적 가치관, 생활철학, 사생관, 그리고 현실적 욕망과 기원이 종횡으로 얽혀 있다.

　우주 자연의 질서를 따르면 하늘이 안녕과 행복을 내려주고, 어기면 재난과 혼돈을 불러온다는 상서(祥瑞)와 재이(災異)에 대한 관념은 건축물의 좌향에서부터 전·후, 좌·우,

내·외의 설정, 심지어 주련을 거는 순서에 이르기까지 건축 조영 전반에 영향을 미쳤다. 또한 천인합일과 인과응보에 대한 믿음은 윤리문자도와 같은 교훈적 그림을 유행시켰고, 사귀(邪鬼)를 쫓고 경사로운 일을 맞이하려는 벽사진경에의 욕망은 정초의 세화(歲畫)를 비롯한 다양한 길상·벽사용 조형미술을 통해 추구되었다.

　죽음을 처리하는 과정에서도 미술의 역할은 컸다. 산 사람들이 상여에 화려한 꼭두를 장식하고 무덤 속에 그린 묘장벽화와 부장한 물품 등을 통해 망자를 기리고, 사후 안녕과 행복을 기원했던 것은 무속적 사생관의 산물이었다. 조선시대에 종묘와 왕릉을 함께 수도권에 둔 것은 삶과 죽음을 정신적 혼(魂)과 육체적 백(魄)의 이합집산으로 해석하는 유교적 사생관의 산물이었다. 그리고 선승의 부도에서 볼 수 있는 사각형·삼각형·원형·반원형 같은 기하학적 형태는 지·수·화·풍(地水火風)이 모이고 흩어짐에 따라 인간의 생사가 결정된다고 보는 불교적 사생관의 반영이었다.

　나뭇잎의 흔들림 이면에 바람의 작용이 있듯이, 건축과 조형미술의 특정한 양태나 현상 뒤에는 반드시 그것을 낳게 한 보이지 않는 요소들이 존재한다. 유형의 뒤편에 숨은 이 무형적, 인문적 요소들을 우리가 깊이 살피고 이해할 때 비로소 전통 건축과 조형미술의 진면목과 우리 문화의 정체성은 스스로 그 모습을 드러내게 될 것이다.

조선 초기 문신이자 뛰어난 서예가였던 김일손(金馹孫, 1464~1498)은 새로 만든 육현금(六絃琴) 연주를 즐기면서도 전통의 오현금(五絃琴)을 집안 깊숙이 잘 보관해 두었다. 이를 이상하게 여긴 친구가 그 이유를 묻자, 그는 이렇게 대답했다. "요즘 것으로 겉치레를 하고 옛것으로 속치레를 하려는 것이다." 필자가 이 책에 거는 기대도 이와 다르지 않다. 끝으로 긴 시간 동안 탈고를 기다려 주신 한철희 대표님께 깊은 감사의 말씀을 드리며, 좋은 책 만들기 위해 애쓰신 한광재 선생께도 고마운 마음을 전하고 싶다.

2025년 8월 어느 날, 경기 광주 수광재에서 허균 씀

차례

책을 펴내며   5

| 1 | 삶의 안녕과 행복을 빌다
: 길상·벽사의 미술

삼신선도와 자라 돌 — 선계를 꿈꾸다   14
봉황과 용 — 하늘의 칭송과 상서를 기대하며   25
윤리문자도 — 천복을 받을 만한 이유   31
세화 — 탈 없고 행복한 한 해를 기원하다   38
벽사의 미술 — 귀신과 사기를 물리치다   50

| 2 | 망자를 위로하고 배웅하다
: 장송과 명계의 미술

묘장 벽화 — 사후 거처를 장식하다   77
부장품 — 죽은 이를 위한 물품   86
상여 장식 — 떠나는 길을 장식하다   104
능역 조형물 — 선왕을 기리고 지키다   115
감모여재도 — 조상 신이 머무는 곳   137
불교의 장송 미술 — 극락왕생과 무상·무아를 표상하다   145

| 3 | 방위와 향방에 질서를 담다
: **삶을 둘러싼 공간의 미술**

방위의 인문학 — 동서남북의 상징체계	157
향배와 좌향 — 바라보는 방향에 담긴 질서	173
좌우와 내외 — 공간을 설정하는 원칙	181
질서를 거스른 공간들	199

| 4 | 우주의 원리를 형상화하다
: **천문과 상수의 미술**

우주 모형 — 인문 제도에 천문을 본뜨다	216
해와 달 — 우주의 음양을 드러내다	234
별 — 인간의 수명과 길흉을 관장하다	253
상수 — 수에 담긴 우주의 이치	267

참고문헌	285
찾아보기	291

1

삶의 안녕과 행복을 빌다

길상·벽사의 미술

경복궁 경회루 연지에서 볼 수 있듯이 옛사람들은 궁원이나 향원을 조성할 때 연못 가운데에 세 개의 섬을 조성하고 그것에 특별한 의미와 상징성을 부여했다. 그런가 하면 궁궐에서는 봉황·용·기린·거북과 같은 상서로운 새와 짐승, 즉 길상 조수(鳥獸)를 소재로 한 그림과 조각상으로 궐내를 장식했다. 한편 민간에서는 '수'(壽) '복'(福) 등 길상어 무늬나 윤리문자도와 같은 그림을 족자나 병풍으로 꾸며 집안을 장식했다. 경사로운 기운을 생활 속에 끌어들이기 위한 노력은 이에 그치지 않고 삶의 모든 영역에서 다양한 방식으로 전개되었다.

해마다 정초에는 궁궐과 양반가에서 용·호랑이·문신(門神) 등을 그린 그림을 대문에 붙였고, 일상생활에서는 사귀를 쫓는 부적 또는 부작화를 집 안팎에 붙여 놓거나 몸에 지니고 다녔다. 절에서는 귀신의 얼굴 형상을 본떠 만든 '귀면'(鬼面)으로 법당 건물 사방을 장식하고 귀면 기와로 지붕을 이었다. 민간에서는 마을 수호신을 모신 신당에 솔가지, 붉은 고추, 흰 종이, 검은 숯을 꿰어 만든 금줄을 둘러쳤다. 이처럼 벽사(辟邪)를 위한 다양한 장치들이 옛사람들의 일상생활 곳곳에서 작동하고 있었다. 그렇다면 그 이면에는 어떤 현실적인 욕망과 기대가 숨어 있었으며, 그 바탕에 어떤 생활철학과 믿음이 자리 잡고 있었을까. 이제 그 인문적 배경을 살펴보기로 하자.

삼신선도와 자라 돌
선계를 꿈꾸다

인간은 한번 태어나면 죽기 마련이다. 이 피할 수 없는 운명에서 벗어나 불로장생을 누리고자 하는 절실한 소망이 확대 발전되면서 신선 사상을 낳았다. 신선 사상은 중국에서 고대 제왕이나 제후 등 현세 권력과 쾌락의 영속을 바랐던 상류 지배층 사이에서 처음 시작되어 차츰 대중에게까지 퍼져나갔다. 실천 방법은 불사약을 먹고 장생을 누리는 것이지만 그것은 사실상 불가능한 일이다. 그래서 사람들은 정원이나 주거 공간을 선계(仙界)처럼 꾸미고, 그 안에서 소박하고 청정한 마음으로 신선처럼 노니는 것에서 현실적 대안을 찾았다. 그 유례 중 대표적인 것이 전통 정원 연못 가운데 조성된 세 개의 섬이다.

    선계(仙界)란 신선이 사는 세계이며, 신선 사상에서 말하는 이상향의 무대다. 신선 사상에는 크게 지상에 이상향이 있다는 지선설과 하늘 위에 있다는 천선설이 있다. 지선설은 다시 산악설과 해도설(海島說)로 나뉘는데, 산악설에서는 서왕모가 산다는 곤륜산이 신비한 이상세계의 중심이고, 해도설에서는 발해 동쪽 바다 너머에 봉래·방호(방장)·영주라는 세 개의 섬, 즉 삼신선도(三神仙島)가 이상세계의 중심이 된다. 이들 섬에는 불로장생하는 신선들이 살고 있으며, 먹으면 영생을 누릴 수 있는 불로초가 자란다고 한다. 전한 시대 역사가 사마천은 『사기』「봉선서」에서 해도설의 무대인 삼신선도를 이렇게 묘사했다.

> 삼신선도는 발해 동쪽에 있다. 멀리서 보면 구름처럼 보이고, 가까이 다가가면 금시 물밑에 있고, 더 가까이 가면 바람이 몰고 가버려 닿기가 어렵다. 이 섬에는 하늘을 날아다니는 선인들이 살고 있으며, 황금과 빛나는 백은(白銀)으로 지은 궁궐이 있다. 불로초가 자라고 있으며, 초목과 금수는 모두 흰색이다.

한편, 전국시대 도가서의 하나인 『열자』「탕문」(湯問) 편에도 삼신선도에 관한 이야기가 등장하는데, 내용을 요약하면 다음과 같다.

> 발해 동쪽에 대여(岱輿)·원교(員嶠)·방호(方壺)·영주(瀛洲)·봉래(蓬萊)라는 다섯 개의 신령한 섬이 있었다. 이 섬들이 조수에 밀려 이리저리 떠다니자 이를 안타깝게 여긴 천제(天帝)가 섬들이 서극(西極)으로 흘러가는 것을 막기 위해 섬 하나에 큰 자라 세 마리씩, 모두 열다섯 마리의 자라로 하여금 섬을 머리에 이고 있게 했다. 이렇게 해서 섬들은 비로소 자리를 잡게 되었다. 그런데 나중에 용

백국의 거인이 이 중 자라 여섯 마리를 단번에 낚아 가버려 대여·원교 두 섬은 서극으로 떠내려가 버리고, 방호·영주·봉래 세 섬만 남게 되었다.

삶의 공간을 신선설의 무대로 바꾸는 효과적이고도 현실적인 방법은 그와 유사한 경물(景物)을 조성하는 것이다. 삼신선도는 실제로 존재하지 않는 환영(幻影)에 불과한 것이지만, 옛사람들은 그것을 세 개의 섬 형태로 구체화하고 실제 풍경 속에 구현해냈다. 주관과 객관이 하나로 융합되는 과정은 필연적으로 상징성을 불러오기 마련이다. 이 융합의 과정을 거치면서 세 개의 섬은 단순한 경물 차원을 벗어나 신선의 세계를 구현한 공간으로 탈바꿈하게 된다. 현존하는 대표적 유적으로 남원 광한루의 연지, 경복궁 경회루의 연지, 원주 강원감영 후원(後園)의 삼신선도가 있다. 이밖에 청평사 문수원 정원의 영지(影池), 경주 임해전지의 연못, 안동 풍산읍의 체화정 연못, 화순 임대정 연못에서도 신선설과 관련된 요소들을 찾아볼 수 있다.

먼저 남원 광한루원의 경우를 살펴보자. 원림 속 넓은 면적을 차지한 연못에 네 개의 섬이 조성돼 있다. 하나는 오작교 서편에, 나머지 셋은 오작교 동편에 있는데, 동편의 이 세 섬이 바로 해도 신선설의 무대를 형상화한 것이다. 현재 이 섬에 삼신선도의 이름을 딴 방장정(方丈亭)과 영주정(瀛洲亭)

광한루원의 삼신선도(위), 광한루원 연지의 오석(가운데)
방장섬의 방장정(아래)

이 남아 있다. 연못 가에는 섬을 향해 엎드린 자라 모양의 돌, 오석(鰲石)이 놓여 있는데, 이것은 천제의 명에 따라 삼신산을 머리에 이고 있었다는 바로 그 자라를 형상화한 것이다. 이 자라가 광한루원을 선계로 탈바꿈시키는 데 중요한 상징적 역할을 한다.

사람은 신화와 전설을 만들고, 신화와 전설은 다시 사람의 관념과 정신세계를 지배한다. 자라는 본래 자연 생태계에 서식하는 현생 동물이지만, 고대인들의 관념 속에서는 삼신선도를 떠받치는 신령스러운 동물로 자리 잡고 있었다. 그래서 비록 돌로 만든 조형물일지라도 자라가 놓인 그 공간은 상서로운 기운이 충만한 해도의 선계로 변모하게 된다.

광한루원에는 또 다른 선계가 있으니 광한루가 그것이다. 광한루는 달 속에 있다는 월궁 광한전을 지상에 구현한 것으로, 옛사람들의 상상 속에 살아 있던 천선설(天仙說)의 무대이다. 허균의 누이 허난설헌(許蘭雪軒, 1563~1589)은 그가 지은 「광한궁옥루상량문」(廣寒宮玉樓上樑文)에서 광한루를 이렇게 묘사했다.

> 대저 보옥으로 만든 일산(日傘)[해를 가리는 우산]이 창공에 걸려 있으매 구름 같은 수레는 현상계를 초월했고, 은으로 만든 누각이 햇빛에 반짝거리고 노을 같은 들보는 티끌의 속세를 벗어났네. 신선이 부는 소라로 기틀을 운

용하고 구슬 기와로 전각을 만들었으며, 푸른빛 입술로 안개를 불어 내어 옥기둥의 궁궐을 지었도다. 청성산 신선은 옥휘장을 만드는 기술을 다했고, 신선이 된 용왕의 아들은 금 궤짝을 만드는 방술을 다했도다. 이것은 하늘이 만들어 낸 것이지, 사람 힘으로 만든 것이 아니다. (…) 용을 타고 신선들의 궁궐로 향하매 아침에 봉래산을 떠나 저녁에 방장산에 묵으며, 학을 타고 삼신선도로 향할 때 왼편으로는 신선이 산다는 부구산(浮邱山)을 잡아당기고, 오른편으로는 홍애(洪崖: 신선들이 사는 곳)를 치도다.

『해동역사』 인물고 4 허매씨(許妹氏)

이어서 경복궁 경회루 연지의 경우를 살펴보자. 언뜻 보기에는 섬이 두 개만 있는 것처럼 보이지만, 실제로는 경회루가 들어선 큰 섬을 포함해 모두 세 개의 섬이 존재한다. 경회루 일대의 경관의 상징적 의미는 조선 성종 때의 관리 구종직이 한 말에서도 잘 드러난다. 그가 궐내 교서관에서 숙직 근무를 할 때, 경회루가 절승이라는 말이 문득 떠올라 보고픈 마음에 구경 나왔다가 밤 산책 나온 성종과 맞닥뜨리게 된다. 왕이 "어떤 일로 여기 왔는가?"하고 묻자, 구종직은 우물쭈물하며 이렇게 대답했다. "신이 일찍이 경회루는 옥계요지(玉桂瑤池: 옥과 계수나무로 장식된 신선의 못)요 천상선계(天上仙界)라는 말을 들었습니다." 『오산설림초고』(五山說林草藁) 경회루 연지

경복궁 경회루 연지의 선도(仙島)(위)
경회루 연지의 삼신선도(아래)

창덕궁 후원 청심정 앞 석조 방지의 자라 석상(위)
거창 북상면 갈계리 임씨 고가 대문 주추의 자라 석상(아래)

가 신선설의 무대로 널리 인식되었음을 보여주는 일화다.

창덕궁 후원의 청심정 앞에 물을 담는 석조가 있는데, 이곳에 자라(혹은 거북) 석상이 놓여 있다. 자라의 등에는 '어필빙옥지'(御筆氷玉池)라는 글씨가 음각돼 있고, 그 주변에는 파도 모양의 문양이 새겨져 있다. '빙옥'은 '빙자옥질'(氷姿玉質)의 줄임말로, 신선처럼 고결한 인품과 우아한 자태를 표현할 때 흔히 썼던 말이다. 앞서 살펴본 것처럼 자라는 현실과 몽환의 선계를 자유롭게 오가는 신령스러운 영물이다. 이곳에 자라상을 둔 것은 청심정 일대를 선계로 조성하기 위한 묘책이다.

한편, 민가에서도 드물게 자라 석상을 볼 수 있다. 경상남도 민속문화유산으로 지정된 거창 북상면 갈계리 임씨 고가의 대문 주춧돌이 그중 하나다. 대문 기둥을 등에 진 모양새가 삼신선도가 떠내려가는 것을 막은 신화 속의 자라를 떠올리게 한다. 이 자라 주춧돌은 이 집을 신선들의 거처로 상징화하는 장치인 것이다.

사적으로 지정된 강원감영 후원에도 광한루원과 같은 도교적 신선계가 펼쳐져 있었다. 현재는 많은 부분이 훼철되어 본래 모습을 가늠하기 힘들지만, 훼철되기 전의 모습을 상세히 그린 〈봉래각 전도〉가 남아 있어 당시 조선 관료들의 관념 속에 자리 잡고 있었던 신선설의 무대가 어떤 모습이었는지 짐작해 볼 수 있다.

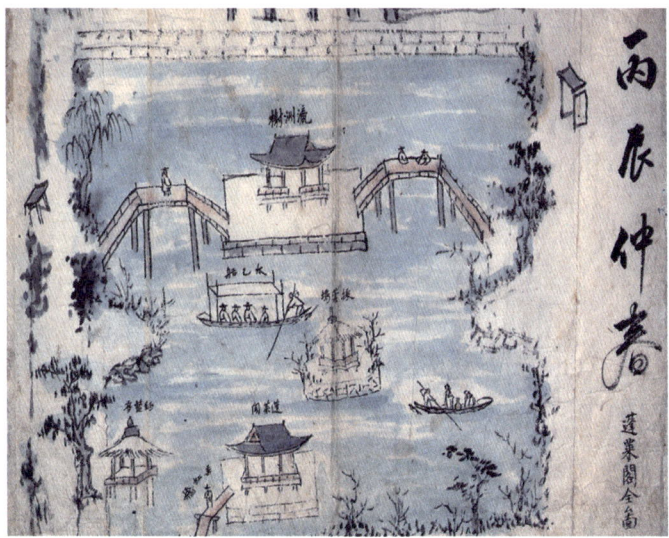

강원감영 후원(위)
〈봉래각 전도〉, 국립문화재연구원 사진(아래)

원주시 일산동에 있는 강원감영은 태조 4년(1395)에 처음 설치되어 고종 32년(1895)에 폐지되기까지 약 500년 동안 강원도의 행정을 총괄하던 관청이었다. 그러나 일제강점기와 한국전쟁을 거치며 유적 대부분이 파괴되었고, 2005년부터 일부 건물을 수리·복원하기 시작해 현재까지도 〈봉래각 전도〉를 근거로 복원 작업이 진행되고 있다.

〈봉래각 전도〉는 1856년 강원도 관찰사로 부임한 이종우(李鍾愚, 1801~미상)의 시문집 『평원합집』(平原合集)에 수록된 그림으로. 조선 후기의 감영 후원 모습이 자세히 묘사돼 있다. 이 그림과 문집에 실린 내용을 종합해 보면 다음과 같다.

감영 후원에는 영주사(瀛洲榭), 봉래각(蓬萊閣) 등 선도를 상징하는 건축물들이 조성돼 있었다. 신선이 내려와 머물며 차 마시는 것을 상상해 지은 강선문(降仙門)·유선관(留仙舘)·다선관(茶仙舘)이 못 가운데 있었고, 그 주변에 신선을 불러 함께 배를 타고 자라를 낚고 불로초를 캐며 즐기려는 심정에서 지은 환선정(喚仙亭)·태을선(太乙船)·조오정(釣鰲亭)·채약오(採藥塢)가 있었다.

봉황과 용
하늘의 칭송과 상서를 기대하며

'상서'(祥瑞)는 '길상'(吉祥)과 개념상 차이가 있다. 길상이 '복과 좋은 일'을 뜻하는 보통명사라면 상서는 '하늘이 내려주는 길한 조짐이나 징조' 그 자체를 의미한다. 만사에 통달하고 이치에 밝은 성군이 덕치를 하여 나라가 태평하면, 하늘은 왕의 지위와 정책을 인정하고 칭송하는 뜻으로 기이한 천문 현상과 신령한 동·식물들을 세상에 드러내 보이는데, 이것을 일러 특별히 상서라 하는 것이다.

상서에는 다섯 등급이 있다. 최고 등급은 봉황·용·기린·백호·신귀(神龜) 등이 출현하는 가서(嘉瑞)이다. 그 밑으로 대서(大瑞)·상서(上瑞)·중서(中瑞)·하서(下瑞)의 네 등급이 있다. 역대 군주들은 상서를 단순한 자연현상이 아니라, 추상적 본체인 하늘이 자기 뜻을 인간 세계에 전하는 가시적 수단으로 받아들였기 때문에, 상서의 출현에 비상한 관심을 기울이면서 그 속에 담긴 하늘의 뜻을 읽기 위해 노력했다.

궁궐 장식에서 가장 중요한 위치를 차지하는 것이 봉황과 용이다. 봉황은 "생황과 큰 종을 번갈아 울리니 새와 짐승들이 서로 춤을 추고, 소소를 아홉 번 연주하니 봉황이 와서 춤추었다"[笙鏞以間 鳥獸蹌蹌 簫韶九成 鳳凰來儀] 『서경』우서 「익직」(益稷)라는 요·순 시대 기록을 통해 정치사 속에 등장한다. 고

덕수궁 구성헌 편액, 국립고궁박물관 소장

대 중국은 물론 우리나라 군신들의 의식 속에서 요·순 시대는 정치의 표준을 세운 이상적 시대로 여겨졌기 때문에, 역대 왕들은 요·순의 태평성대를 이 땅에 다시 펼치는 것을 최고의 정치적 목표이자 이상으로 삼았다.

　조선 초기 궁중 음악 가운데는 〈봉황음〉(鳳凰吟)이라는 악곡이 있다. 이 곡명은 태조 이성계의 조선 건국을 성왕(聖王)의 출현에 비유하여 붙인 것으로, 왕가에 대한 송축의 의미를 담고 있다. 과거 덕수궁에는 '구성헌'(九成軒)이라는 편액이 걸린 전각이 있었다. 이것은 『서경』의 "소소구성 봉황래의"(簫韶九成 鳳凰來儀)라는 구절에서 '구성'을 따온 것이다. 이는 지금의 왕이 통치하는 시대가 순임금 시절처럼 소소 음악이 궐내에 흐르고 봉황이 춤추는 태평성대라는 의미를 담고 있다.

　『조선왕조실록』을 비롯한 여러 역사서에 '봉명조양'(鳳鳴朝陽)이라는 말이 자주 등장한다. 이는 "봉황이 운다. 저 높은

창덕궁 대조전 〈봉명조양도〉(위), 창덕궁 인정전 천장 봉황 장식(가운데)
창덕궁 인정전 〈봉황도〉(아래), 국립고궁박물관 소장

산등성이에서, 오동이 나서 자란다 저 산 동쪽에서"[鳳凰鳴矣 于彼高岡 梧桐生矣 于彼朝陽] 『시경』 대아 「권아」(卷阿)라는 구절을 요약하여 표현한 것이다. '봉명'은 흔히 군주의 공덕을 기리는 의미로, '조양'은 국운이 번창하고 시대가 태평한 것에 비유하는 말로 쓰였다. 같은 의미를 담은 그림이 〈봉명조양도〉이다. 태평성대의 상서로운 조짐을 의미하는 그림으로 왕실 주관 아래 도화서에서 꾸준히 제작되었다. 규장각 소속 차비 대령 화원을 선발하는 녹취재(祿取才)에서도 화목으로 출제할 만큼, 이 그림이 갖는 정치적 의미는 매우 컸다.

구성헌 편액과 왕가를 송축하는 〈봉황음〉, 그리고 봉명조양이라는 말과 의미상 연결된 것이 바로 궁궐 정전 천장 중앙에 장식된 봉황상이다. 정전은 궁궐의 중심 건물로, 왕이 매일 아침 문무백관과 함께 정사를 논의하는 조참(朝參)을 주관하고, 정령을 반포하거나 외국 사신을 맞는 최고의 권위 공간이다. 이처럼 정치적 위상이 높은 정전의 천장 중앙에 장식된 봉황은, 그 바로 아래 어좌에 앉은 현왕을 직접 수식한다는 점에서 궁궐 안의 여느 봉황 장식들보다 막강한 상징성을 갖는다.

봉황은 정전 어좌 주변 장식용 그림의 소재로도 활용되었다. 창덕궁 인정전 〈봉황도〉가 그 대표적 사례다. 지금은 국립고궁박물관에 소장되어 있지만, 원래는 인정전 어좌 주변에 설치되어 있었다. 수컷 봉과 암컷 황이 서로를 향해 고

개를 돌려 마주 보는 장면을 그린 것인데, 정밀하고 자세한 필세와 현란한 색채는 궁중 회화의 진면목을 보여준다. 이 외에도 임금의 자리 주변에 두른 병풍인 봉의(鳳扆)는, 봉황을 통해 태평성대를 구가하는 군주의 권위를 상징적으로 표현한 것이다.

봉황과 함께 궁궐 장식에서 확고한 지위와 생명력을 유지해 온 것이 바로 용이다. 용은 추상적, 신화적 존재이기 때문에, 그 외형에 집착하기보다 용과 관련된 옛사람들의 사고의 틀을 이해하는 것이 중요하다. 중국 고대 전설상의 삼황(三皇)의 한 사람인 복희씨 때 황하에서 용마가 등에 지고 나왔다는 하도(河圖)가 있다. 이것을 용도(龍圖)라고도 하는데, 이 용도의 출현이 상서의 징조로 여겨졌고, 용도는 역(易)의 근본 원리가 되었다.

중천건괘

『주역』(64괘로 우주의 이치를 설명한 고대 경전)에서는 용을 천도(天道)의 상징형으로 묘사하고 있다. 『주역』 64괘 중 첫 번째 괘가 6개의 양효로 이루어진 중천건괘(重天乾卦)이다. 이 괘를 구성하는 각 '효'의 뜻을 풀이한 효사(爻辭)에서는 각 효의 의미를 용에 빗대어 설명하고 있다. 맨 아래 초효

경복궁 근정전 천장 중앙의 황룡상

는 아직 하늘에 오르지 않고 물 속에 숨어 있는 잠룡(潛龍), 2효는 물 밖으로 나온 현룡(見龍), 3효는 용으로 빗대어 말하지는 않았지만 태만한 용, 4효는 나아갈 준비가 다 되어 때맞춰 뛰어오른 용에 비유했다. 그리고 5효, 즉 '구오'(九五)는 하늘로 날아올라 최종 목표를 달성한 비룡으로 풀이했다.

남양주 봉선사 대종의 종명

　남양주 봉선사 대종에 새겨진 '용비구오'(龍飛九五)라는 명문이 바로 중천건괘 '구오'의 효사를 인용한 것인데, 왕이 천자의 지위에 오르는 것을 의미한다. 이처럼 『주역』에서 용은 추상적인 상(象)을 드러내는 형(形)으로서 존재한다. 다시 말해, 관념적이고 추상적인 것이 하늘의 도(道)라고 할 때, 용은 그것을 구체화한 형상이자 활용이라 할 수 있다.

윤리문자도
천복을 받을 만한 이유

우리가 일상에서 흔히 사용하는 표현 중에 '화(禍)를 부른다'

라는 말이 있다. 이 말에는 어떤 화를 입었을 때 그 원인이 자신에게 있다는 인식이 잠재돼 있다. 복(福) 역시 마찬가지다. 옛사람들은 복이란 스스로 받을 만한 일을 했을 때 하늘로부터 주어지는 것이라 믿었다. 한국인에게 있어 화복은 결국 사람의 선악에 호응하여 하늘이 내리는 것이었다.

『주역』에서는, "선을 쌓은 집안에는 반드시 경사가 있고, 불선(不善)을 쌓은 집안에는 반드시 재앙이 있다"[積善之家 必有餘慶 積不善之家 必有餘殃] 『주역』 곤괘 문언라고 했다. 『서경』에서도, "하늘의 도는 선한 자에게 복을 주고, 음란한 자에게 화를 내린다"[天道福善禍淫] 『서경』 「탕고」라고 지적하면서, "상제(上帝)는 일정하지 않아서 인간이 선을 행하면 온갖 상서를 내려주고, 불선을 행하면 온갖 재앙을 내려준다"[惟上帝不常 作善 降之百祥 作不善 降之百殃] 『서경』 「이훈」고 했다. 화복과 재이는 인간이 자초하는 것이며 하늘이 그에 감응하여 내리는 상벌임을 강조한 것이다.

조선 전기의 문신 남효온(南孝溫, 1454~1492)은, "신하가 임금을 위하고, 자식이 아비를 위하고, 아내가 남편을 위하고, 동생이 형을 위하고, 붕우가 붕우를 위한 지성이 한 터럭의 거짓도 없이 천리의 정당성에 순수하면, 여기서 느끼고 저기에 반응하는 이치가 그렇게 될 것을 기약하지 않아도 그렇게 되는 수가 있다. 의논이 여기에 이르면 언어로는 형용할 수가 없다."『속동문선』 제17권 논(論) 「귀신론」라고 했다. 그러면서 효자 왕상과 잉어, 맹종과 죽순에 얽힌 기적 같은 일화를 거론하면서 그 배경에 어떤 숨은 이치가 없다면 어찌 그와 같은 일이 일어날 수 있었겠는가 반문했다.

조선 중기의 문인 윤선도(尹善道, 1587~1671) 역시, 죽은 이를 추모하며 지은 만사(挽詞)에서 "(집에) 많은 경사가 있다는 말이 빈말이 아니니 자손이 모두 효도하고 우애한다"[餘慶不爲虛 兒孫皆孝悌] 『고산유고』「만홍진사자친」라고 말했다. 조선 후기 실학자 안정복(安鼎福, 1712~1791)도 그가 쓴 「박규 묘지명」에서, "시예로 가학(家學)을 전하고 효제로 인을 행하고 선을 쌓아 경사가 넉넉하니 자손이 번성함이 마땅하다"[詩禮傳家 孝悌行仁 積善慶 宜爾子孫振振兮] 『순암선생문집』「通訓大夫行刑曹佐郞贈通政大夫吏曹參議朴公墓誌銘」라고 했다. 이 말들은 모두 집안이 복을 받는 것은 효를 행했거나 복을 받을 만한 이유가 있었기 때문이고, 그 복은 하늘이 내리는 것이라고 여겼던 조선 지식인들의 길상관을 잘 보여준다. 윤리문자도는 바로 이 같은 길상에 대한 관념을 배경으로 탄생한 그림이다.

윤리문자도는 '孝·悌·忠·信·禮·義·廉·恥' 등 유교의 여덟 가지 덕목을 주제로 한 문자 그림으로, 주로 병풍으로 꾸며져 방 장식용으로 쓰였다. 이 그림의 조형적 특징은, 윤리 덕목을 나타내는 한자와 그 덕목과 관련된 고사(故事)의 기물이나 동식물 등을 넓은 글자 획(劃)에 그려 넣거나 획을 대체하는 방법을 썼다는 점이다. 효자(孝字) 그림 한 폭을 예로 삼아

〈효제문자도〉 병풍, 국립민속박물관 소장

〈효자도〉의 잉어, 죽순, 부채, 거문고

윤리문자도의 기본 체제와 구성 내용을 살펴보자.

〈효자도〉(孝字圖)에 등장하는 잉어·죽순·부채·거문고 등은 '왕상이어'(王祥鯉魚), '왕상부빙'(王祥剖冰), '맹종읍죽'(孟宗泣竹), '황향선침'(黃香扇枕), '대순탄금'(大舜彈琴) 등의 고대 효행담에 나오는 동식물과 기물들이다. '왕상이어'는 진나라 왕상이 한겨울에 계모를 위해 잉어를 구하러 강가로 갔으나 강물이 얼어붙어 있어 체온으로 얼음을 녹이려 할 때, 갑자기 잉어가 튀어나왔다는 이야기 속의 바로 그 잉어다. 죽순은 중국 삼국시대 오나라의 맹종이 엄동설한에 죽순을 먹고 싶어 하는 병든 어머니를 위해 대숲에 갔지만 끝내 죽순을 구하지 못해 슬피 울 때, 눈물 떨어진 자리에서 솟아났다는 그 죽순이다. 부채는 여름철이면 부모님의 베개에 미리 부채질을 해두어 시원하게 주무실 수 있도록 했다는 황향의 효행담인 '황향선침'에 나온 부채이다. 그리고 거문고는 고대 중국의 순임금이 부모님과 이복동생에게 죽임을 당할 뻔하고도 평소처럼 거문고를 타면서 부모님께 효도하고 이복동생을 아껴 제(悌)의 도리를 다했다는 일화 속의 그 거문고이다. '孝'자를 그린 〈효자도〉 외에 悌·忠·信·禮·義·廉·恥 등의 문자도에 등장하는 소재들 역시 모두 윤리 덕목과 관련된 인물·설화·전설에 등장하거나 근거한 것들이다.

윤리문자도에는 효심과 우애, 믿음과 의리, 체면과 부끄러움을 아는 마음이 하늘의 이치에 부합하면 하늘이 복을 내리고, 선을 쌓은 집안에는 반드시 경사가 따른다는 믿음이 배경에 자리 잡고 있다. 윤리문자도는 비록 중국 고사를 바탕으로 하고 정형화된 모습을 보이지만, 하늘과 인간이 하나 된다는 천인합일의 유교적 윤리관과 한국인의 행복관, 길상관이 어우러져 만들어낸 우리나라 특유의 생활 장식 미술이라는 점에서 문화적 가치가 매우 크다.

세화
탈 없고 행복한 한 해를 기원하다

천리(天理), 즉 하늘의 이치에 따라 사는 것이 바람직하고 가치 있는 삶이라고 생각했던 우리 조상들은 새해를 낯선 사람 대하듯 근신하는 태도로 맞이했다. 한편으로는 질병과 재난이 없는 행복하고 무탈한 한 해가 되기를 기원했는데, 그런 욕망의 산물이 바로 세화(歲畫)이다. 세화는 미적 감상이나 예술적 성취의 대상으로서가 아니라, 길상과 안녕을 기원하고 재앙을 물리치기 위한 벽사진경의 수단으로 그려졌다는 점, 그리고 제석(除夕)·정초와 같은 특정 시기에 집중적으로 제작되었다는 점에서 세시 풍속의 성격이 강하다. 세화는 당초에 왕공 사대부 사이에 유행했으나 시대 흐름과 사회 변화 추이에 따라 점차 양반과 부유한 서민층으로 확산되었다.

궁중 세화: 왕이 하사한 새해 그림

조선시대에는 정초가 되면 서울과 지방의 관료들이 앞다투어 시가, 표문(表文), 전문(箋文) 등 다양한 방법으로 왕의 덕이 해마다 새로워지고 있음을 칭송했고, 임금의 부귀와 장수, 다남(多男)을 기원했다. 궁에서는 정초 하례를 거행하고, 하례가 끝나면 왕이 잔치를 베풀고 새해 3개월 전부터 도화서에서 그려 올린 세화를 재상과 가까운 신하들에게 하사했다. 『조선왕조실록』 중종 5년(1510) 9월 29일 조 유교 정치에서 중요시했던 것은 덕(德) 높은 임금과 현명한 신하가 만나는 '경회'(慶會)다. 신하는 임금을 칭송하는 예를 올리고, 임금은 신하에게 세화를 하사함으로써 군신 간의 경회를 돈독히 했다. 당시 사대부들은 왕으로부터 받은 세화를 집에 걸어두고 자랑거리로 삼기도 했다.

궁중 세화와 관련된 사례 몇 가지를 살펴보자. 조선 전기의 문신 성현(成俔, 1439~1504)은 매가 토끼를 주시하는 장면을 그린 세화를 왕으로부터 하사받았고[受賜歲畫所畫秋鷹搏兔] 『허백당보집』 제4권, 선조 때 이조참판 벼슬을 지낸 서형수(徐瀅修, 1749~1824)는 네 폭에 용·봉황·거북·기린을 그린 〈사령도〉(四靈圖)를 세화로 선물 받았다[松楸屛伏之中 忽蒙歲饋歲畫恩賜] 『명고전집』. 매가 토끼를 노리는 장면을 포착해 그린 그림을 〈호응박토도〉(豪鷹搏兔圖)라고 하는데, 이 그림은 매가 시렁에 올라앉은 모습을 그린 〈가응도〉(架鷹圖)와 함께 궁

최북, 〈호응박토도〉, 국립중앙박물관 소장

전 이암, 〈가응도〉, 일본민예관 소장

중 소용의 세화로 인기가 높았다. 이 외에도 당시 사대부들은 봉황이 울고 해와 달이 떠 있는 태평성대의 이상을 상징한 〈봉명일월도〉(鳳鳴日月圖) 등을 하사받아 집에 걸어두고 자랑거리로 삼았다.

정초가 되면 대문이나 중문에 붙이는 그림을 '문배'(門排)라고 한다. 용과 호랑이, 그리고 신도(神荼)·울루(鬱壘)와 같은 신장(神將) 그림이 대세를 이뤘는데, 이 같은 그림을 그려 붙이는 목적은 그림 속 주인공의 용맹함과 신력을 빌려 잡귀를 물리치려는 데 있었다. 오른쪽 그림은 안동 하회 마을 양반가인 화경당(和敬堂)에 전해오는 조선시대 문배 모습을 보여준다. 두 신장이 갑옷을 입고 철퇴로 보이는 무기와 용이 조각된 도끼를 든 모습이 중국 문신 풍모와 닮아 있다. 당나라 이전에는 신도·울루가 주로 그려졌지만, 당 태종 이후에는 진숙보(秦叔寶), 위지공(尉遲公)이 주로 등장했다.

화경당의 후손은 이 문배를 정조가 하사한 것이라 말하고 있으나 그림 상태를 볼 때 진품은 아니고 후대에 모사한 것일 가능성이 크다. 조선 후기 문신 송시열(宋時烈, 1607~1689)은 제석에 궁궐을 방문했을 때 궐문 곳곳에 세화가 붙은 것을 보았다고 말했고『송자대전』 13권, 실학자 유득공(柳得恭, 1748~1807)은, "황금 갑옷을 입은 두 장군의 상(像)의 길이가 한 길이 넘는데, 하나는 도끼를 들었고 하나는 절(節)을 들었다. 궁궐 문 양쪽 문짝에다 붙인다"『경도잡지』 세시, 원일(元日)라고

안동 하회 마을 화경당 〈문배도〉

말한 바 있다.

조선시대 궁중에서 제작한 세화 중에는 〈사민도〉(四民圖)라는 그림도 있었다. 기록에 따르면, "중궁(中宮)이 세화 〈사민도〉를 전벽(殿壁)에 붙여 두려고 하기에 내(세조)가 이를 말렸더니, 중궁이 말하기를, '먹는 것이 여기서 나오고 입는 것이 여기에서 나오니, 붙여 두고 보는 것 또한 옳지 않겠습니까?' 하여 드디어 붙였는데, 내 생각에도 그러는 것이 좋다고 생각된다."『조선왕조실록』 세조 2년(1456) 1월 2일라고 했다. 이 기록은 세화가 왕이 백성을 격려하고 백성을 위한 각오를 새롭게 하는 의미로 그려지기도 했다는 사실을 말해준다.

'사민'은 직분을 자질과 능력에 따라 구분한 사·농·공·상에 종사하는 사람들을 통칭하는 말이다. 중궁이 "먹는 것이 여기서 나오고 입는 것이 여기에서 나오니"라고 말한 것으로 보아, 농사짓고 누에 치는 농민들의 모습을 그린 것이 아닌가 생각된다. 이 일화를 접한 연암 박지원의 손자 박규수(朴珪壽, 1807~1877)는 이런 시를 남겼다.

길쌈하는 아낙과 농부들을 가련히 여겨	爲憐紅女與農夫
헌종하고 돌아와서 베틀에서 베를 짜네	獻種歸來理繢繻
올해 중전께서 신춘에 붙이신 그림은	今歲中宮新帖子
상서를 맞이함이 종규 그림보다 낫네	延祥勝似鍾馗圖

『환재집』 제2권

여기서 말한 종규는 역귀를 쫓는 신이다. 박규수는 정초에 농민들의 수고로움을 덜어주려는 생각에서 그린 〈사민도〉를 궁중에 붙인 것이, 오히려 종규 그림을 붙이는 것보다 더 큰 복을 불러올 일이라고 칭송한 것이다. 복과 화는 사람의 행실에 달려 있고, 그것이 하늘의 감응으로 이어진다고 본 조선 군신들의 길상관이 이 시에서도 여실히 드러나고 있다.

사대부가의 세화: 벽사진경을 위한 세시풍속
궁궐을 중심으로 성행하던 세화 풍속은 점차 양반 사족층으로 퍼져나갔다. 조선 중기의 사대부 묵재 이문건(李文楗, 1494~1567)이 1535년부터 1567년까지 쓴 『묵재일기』를 통해, 당시 양반가에서 세화가 어떻게 그려지고 향유되었는지를 엿볼 수 있다. 이문건은 경상도 성주 사람으로, 조선 전기에 부제학과 대사헌을 지낸 조광조(趙光祖, 1482~1520)의 문하에서 공부하여, 사마시에 합격한 뒤 정언·이조 좌랑·승문원 판교 등의 벼슬을 역임한 명실상부 양반 사족이다.

당시 사대부들은 그림을 마음 수양의 수단으로 여기며, 주로 취미 삼아 그렸다. 그래서 그들은 문자향(文字香)과 서권기(書卷氣)를 강조했고, 사물 묘사를 통해 자신의 사상과 정서를 표현하는 것을 중요시했다. 그들은 버릇처럼 장식화를 그리는 직업 화가들을 모사(模寫)를 일삼는 환쟁이라면서 낮춰 보았고, 그들의 그림을 속된 그림이라며 천시했다. 그런데 이문건은 그런 속화를 직접 그리고, 가까운 사람들에게 선물로 나누어주기까지 했다. 그것은 그가 세화를 예술적 성취나 고상한 취미의 대상으로 보지 않고, 벽사진경을 위한 세시풍속의 하나로 인식했기 때문에 가능한 일이었다.

다음 표는 『묵재일기』에 등장하는 갖가지 세화 관련 기록을 날짜별로 정리한 것이다. 이를 통해 양반가에서 세화가 언제, 어떻게, 어느 정도로 자주 제작되었는지, 또한 어느 공간에 붙였으며 언제 떼었는지를 살펴볼 수 있다. 아울러 세화 제작에 누가 관여했는지, 그리고 세화가 일상 속에서 어떤 의미를 가지고 있었는지도 이 표를 통해 짐작할 수 있다.

표의 내용을 다시 요약 서술하면 대략 이러하다.

세화는 원본을 모사하거나 새로 그렸다. 세화를 그리기 시작한 시기 중 가장 이른 날짜는 섣달그믐 밤의 나례 의식〔섣달 그믐날 밤에 민가와 궁중에서 마귀와 사신(邪神)을 쫓기 위해 베푸는 의식〕이 거행되기 훨씬 전인 12월 3일경이었다. 이문건이 만든 세화 수량은 적게는 5~6장, 많게는 15장에 이르렀고, 가까운 사람들끼리 선물로 주고받기도 했다. 이문건은 자신이 직접 세화를 그리거나 손자에게 그리게 했고, 때로는 자신이 직접 채색을 맡기도 했다. 12월 27일부터 30일 사이에 집안 곳곳과 창문 등에 세화를 붙였고, 떼어 낸 날은 약 20일이 지난 이듬해 1월 16일 무렵이었다.

일기에는 구체적인 세화의 내용이 언급되어 있지 않지만,

연 월 일	세화 관련 기사
1551.12.30.	• 노(奴)들이 새벽에 축역(逐疫) 하느라 북 치는 소리가 쟁쟁하다. • 숙길(淑吉)이 세화를 손가락으로 가리키며 소리 지르며 즐거워했다.
1552.12.14.	• 아이들을 위해 놀이 삼아 세화 몇 장을 그렸다.
1553.12.28.	• 천택(天澤) 등이 세화에 색을 칠하기에 나도 도와 몇 장을 그렸다.
1553.12.29.	• 아침에 세화를 붙였는데, 새벽에 푸닥거리하는 소리를 들었다.
1554.12.23.	• 어제 천종(千終)이 와서 숙강(叔强)의 문안 편지를 전했다. 세화가 그려진 종이 10장을 보내왔다.
1554.12.27.	• 천택과 바둑을 두고 또 세화를 베꼈다.
1554.12.28.	• 천택의 세화를 살펴보았다.
1554.12.29.	• 천택이 어제와 오늘 세화에 색을 칠했다.
1554.12.30.	• 4경(更) 새벽 1시부터 3시 사이에 나례(儺禮) 소리를 듣고, 아침에 세화를 상가(上家)와 하가(下家)에 붙였다.
1555.12.18.	• 세화 그릴 종이 15장을 천택에게 주고 그리게 했다.
1555.12.28.	• 낮에 하가에 내려가 처자식을 만나고 세화를 살펴보고 저물녘 당으로 돌아왔다.
1555.12.27.	• 낮에 내려가 천택을 보고 세화에 색칠해서 꾸미고 저물녘에 돌아왔다.
1555.12.29.	• 세화 5장(丈)을 홍(洪) 충의위(忠義衛) 댁에 보냈다. • 인손(仁孫) 집에도 세화 4장(丈)을 부쳤다.
1555.12.30.	• 세화를 살펴서 붙였다.
1556.1.16.	• 창에 세화를 떼었다.
1556.12.26.	• 노성(老成)에게 세화에 채색하고, 단목(丹木)과 회화나무 꽃[槐花]을 다리라고 했다.

1556.12.28.	• 종일토록 세화 10장에 채색했더니 피로한 것 같다.
1556.12.29	• 아침에 세화를 붙이고 아이들과 같이 살펴보았다.
1561.1.16.	• 아이가 세화를 떼어 내었다.
1561.12.3.	• 손자는 변을 자주 보는 증세로 아프고, 또 세화를 그리느라 글공부를 하지 않았다.
1561.12.11.	• 손자가 글공부하고 세화를 모사했다.
1561.12.15.	• 세화를 1장 그려서 숙희(淑禧) 아기[阿只]에게 주었다.
1561.12.16.	• 세화 1장을 그려서 숙길(淑吉)에게 주었다.
1561.12.17.	• 세화 5, 6장을 손수 색칠하며 종일 머물러있다가 저물녘에 당으로 돌아왔다.
1561.12.18.	• 내려가서 함께 아침밥을 먹고 세화를 그렸다.
1561.12.29.	• 세화 5장(丈)과 찢어진 검은 신[黑靴]을 인손(仁孫)에게 주었다.
1561.12.30.	• 아침에 세화를 붙였다.
1563.12.22.	• 손자가 세화를 그린다고 글공부를 하지 않았다.
1563.12.29.	• 내려갔다가 다시 당으로 올라와 밥을 먹고 세화를 그렸다.

〈표〉 『묵재일기』에 기록된 세화 관련 기사

조선 중기의 문신 정홍명(鄭弘溟, 1582~1650)이 세화에 붙인, "손으로 반도(蟠桃) 첫 가지를 꺾어들고 술에 취해 황학을 타고 선계로 내려가네"[手折蟠桃第一枝 醉騎黃鶴下仙墀] 『기암집』 권8 「희제세화」(戲題歲畵)라는 화제 내용을 미뤄 볼 때, 이문건이 그린 세화 가운데에도 당대 양반 사족들이 선호하던 신선도 종류가 포함돼 있었을 것으로 짐작된다.

　세화 가운데서도 가장 중요한 위치를 차지한 것이 앞서 말한 대문과 중문에 붙이는 문배(門排) 그림이다. 대문은 아이를 낳았을 때 잡인의 출입을 금하고 악귀와 부정을 막기 위해 금줄을 치는 곳이다. 그런가 하면 '입춘대길'(立春大吉) '건양다경'(建陽多慶) 등의 입춘방(立春榜)을 붙이는 곳이기도 하다. 이처럼 대문과 관련된 민속과 풍속이 많은 것은, 대문이 사람뿐만 아니라 사기(邪氣)나 귀신이 드나드는 통로로 여겨졌고, 길흉화복의 출입이 모두 이 문에 달려 있다는 믿음이 있었기 때문이다.

　문배 그림을 붙이려면 널판으로 된 큼직한 대문이 있어야 한다. 그런데 사대부집이나 일부 부유한 중인들의 집을 제외하면, 대부분의 서민들 집에는 그런 번듯한 대문이 없었다. 그래서 서민들은 문배 그림 대신 엄나무, 탱자나무 등 가시 많은 나뭇가지를 사립문에 걸쳐 두거나 동도지(東桃枝)와 체〔가루를 곱게 치거나 액체를 거르는 용구〕를 마당 입구에 달아 놓는 방법을 썼다. 가시나무는 잡귀가 가시에 걸려 못 들어오게 한다는 발상이고, 체는 야광귀의 습성을 역이용해 쫓으려는 묘책이다. 야광귀는 그믐날 밤에 민가에 몰래 들어와 신발을 훔쳐 간다는 귀신인데, 야광귀에게 당한 사람은 일 년 신수가 사나워진다고 한다. 그런데 체를 집 입구에 걸어두면 야광귀가 신발을 훔치러 들어오다가 체의 촘촘한 구멍을 보고

제석에 벽사를 위해 집 입구에 걸어 둔 체, 아차산성 안 민가, 1976년 사진

는 호기심이 발동하여 그 숫자를 세기 시작한다고 한다. 세다가 그 수를 잊어버리면 다시 집중하여 세고 그렇게 반복하다가 새벽이 되어 닭이 울면 놀라 도망간다는 것이다. 어쨌든 벽사진경을 위한 수단이라는 점에서는 문배와 다를 바 없다 하겠다.

벽사의 미술
귀신과 사기(邪鬼)를 물리치다

귀(鬼): 벽사 대상이자 주체

사귀(邪鬼), 즉 요사스러운 귀신을 물리치는 벽사 행위는 길상 안녕과 건강, 행복 유지를 위한 충분조건이 된다. 왜냐하면 인간의 행복과 불행이 전적으로 '귀'에게만 달린 것은 아니기 때문이다. 그러나 불상사나 질병, 재앙이 사귀의 농간 때문이라고 믿는 한, 벽사는 안녕과 행복 유지를 위한 필수조건이 된다. 옛사람들은 인간을 괴롭히고 병들게 하고 불행하게 만드는 존재가 귀라고 믿었고, 귀를 물리치고 기쁜 일을 끌어들이기 위해 노력하였다.

그렇다면 귀는 과연 어떤 존재이며, 귀에 대한 옛사람들의 인식은 어디에서 비롯된 것일까? 그 답은 우선 한자 '鬼'의 글자 모양과, 회의(會意: 둘 이상의 한자를 합하고 그 뜻도 합성하여 글자를 만드는 방법)에서 구할 수 있다. 중국 후한 시대의 학자 허신이 편찬한 자전(字典)인 『설문해자』(說文解字)의 귀부(鬼部)에서는, "사람이 (죽어) 돌아가는 것을 '鬼'라고 한다. 사람을 따랐고 귀의 머리를 상형화했다"[人所歸爲鬼 从人 象鬼頭]라고 했다. 다시 말해 '귀'는 인귀(人鬼)를 상형한 글자라는 것이다.

중국 후한 시대의 사상가 왕충은 시국을 비판하면서 쓴 『논형』(論衡)의 정귀(訂鬼) 편에서 "'귀'는 사람과 다름없는 물(物)이다. 이 세상에는 '귀'라는 물이 있는데 늘 나라 주변에 맴돌다가 안으로 왕래하며 사람들과 섞이는 흉악한 무언가이다. 그렇기에 사람이 병들거나 죽었을 때라야 그것을 볼 수 있다"[鬼者 物也 與人無異 天地之間有鬼之物 常在四邊之外 往來中國 與人雜 則凶惡之類也 故人病且死者乃見之]라고 했다.

조선 후기의 여항시인 조수삼(趙秀三, 1762~1849)은 『추재집』 「구나기」(驅儺記: 고려·조선시대에 세 밑에 궁중에서 역귀를 쫓던 일에 대한 기록)에 이렇게 적었다. "고신씨에게 못난 아들이 있었는데 죽어서 모귀(耗鬼)가 되었다 한다. 이 귀가 인가에 들어가면 기어이 집안을 곤궁하게 만들고야 만다.

영남 지방의 풍속이 이 미신을 더욱 믿는다."[高辛氏有不才子 死爲耗鬼 入人家則窮窶乃已 此不經之甚也 嶺南俗尤信之]

위의 내용을 종합해 보면, 고대인들은 귀의 원형을 죽은 사람의 모습이나 혼령에서 찾았음을 알 수 있다. '귀'의 형상은 괴이하고, 그 출몰은 장소를 가리지 않는다. '두려울 외'(畏)자가 '귀'(鬼)에서 분화되어 나온 것처럼 '귀'의 성격은 자연 신에 대비되는 두렵고 무서운 존재이다.

불상사나 질병, 재앙 등 나쁜 일들은 모두 '귀'의 농간과 그들이 뿜어내는 요사스럽고 나쁜 기운 때문에 일어난다고 옛사람들은 믿었다. 이러한 믿음은 사안마다 그에 관여하는 '귀'를 탄생시켰다. 예컨대 가뭄 같은 재앙과 환란을 일으키는 귀를 '발'(魃)이라 했고, 재산을 탕진시키고 집안을 가난하게 만드는 귀를 '허'(魖), 질병을 일으키는 귀는 '역귀'(疫鬼)라고 했다. 이 밖에도 음습한 곳에 숨어 있다가 사람을 홀려서 비정상적 행동을 하게 만든다는 이매(魑魅), 멀쩡하던 사람의 판단력을 흐리게 하고 말과 행동을 이상하게 만드는 망량(魍魎) 등 수많은 '귀'가 있다. 옛사람들은 이러한 귀들이 음기와 사기로 가득 찬 존재이기 때문에 개인이나 가정, 나아가 나라의 안녕과 행복을 유지하기 위해서는 반드시 이들을 물리쳐야 한다고 믿었다.

부작화: 그림 같은 부적

벽사 행위는 역병이나 재액 같은 인간의 고통스러운 일들이 모두 요사스럽고 나쁜 기운이나 귀신의 소행이라는 믿음에서 비롯되었다. 사기나 사귀는 실체가 있는 존재라기보다는 인간의 상상력이 만들어 낸 추상적 관념에 가깝다. 그렇기에 그 종류와 성격이 다양하고, 물리치는 방법 또한 무수히 많다.

예컨대 민가에서는 팥죽을 쑤어 문밖에 놓거나 문지방에 뿌리고, 황토를 마당과 대문 앞에 흩으며, 금줄에 붉은 고추·검은 숯·흰 종이·솔가지를 꿰어 대문에 걸었다. 가시 많은 나뭇가지나 복숭아나무 가지를 문에 걸치거나, 신도·울루 두 귀신의 이름을 새긴 도부(桃符)를 붙이기도 했다. 궁중에서는 나례(儺禮) 의식이나 처용무 같은 가면 연희를 통해 벽사를 꾀하기도 했는데, 이 모두가 역병과 재액을 물리치고 진경을 도모하기 위한 방책들이었다.

인간의 힘과 의지만으로는 어떻게 할 수 없는 삶의 난제들을 초월적 힘을 빌려 해결하려는 것이 주술(呪術)이다. 무속에서는 기도나 주문 같은 의식(儀式)의 형태로 나타나지만 미술에서는 특정 소재를 매개로 한 조형적 이미지로 표출된다. 맹수나 맹조를 단독으로 그린 그림은 그의 용맹성과 신령한 힘을 빌려 사귀와 재액을 물리치려는 뜻을 담고 있는 만큼, 주술적 도구로서의 성격이 강하다. 그리고 정초나 그믐 같은 특정 시기에 이 같은 그림을 제작하고 붙이는 행위는

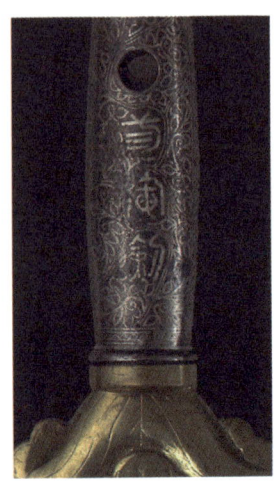

삼인검, 국립고궁박물관 소장

주술 행위에 해당한다고 볼 수 있다. 이런 측면에서 벽사용 민화는 주술과 미술이 동일선상에 있었던 원시 미술과 맥을 같이 한다고 말할 수 있다.

주술과 관련된 유례 중 하나로 '삼인검'(三寅劍)이라는 것이 있다. 칼자루에 '三寅劍'이라는 글자가 새겨져 있어서 그렇게 불리는데, 이는 인년(寅年) 인월(寅月) 인일(寅日)에 만든 검이라는 뜻이다. 이 검의 소유자는 호랑이[寅]의 용맹성을 주술의 힘으로 이어받아 상대를 물리치기를 기대했을 것이 틀림없다. 이런 점에서 '三寅'은 단순한 연대 표기가 아니라, 주술에 따르는 언어 행위로서 일종의 주문(呪文)과 같은 역할을 한다.

주술의 힘을 빌려 삶의 문제들을 해결하려는 여러 술책 가운데 민간에서 널리 활용된 것 중 하나가 부적(符籍)이다. 부적의 '부'(符)는 기호를, '적'(籍)은 문서나 서적을 뜻한다. 부적은 대개 부호나 글씨를 위주로 구성되며 문서 형태를 갖추고 있어 그렇게 불린다. 이 가운데 회화적 성격이 강한 것들은 문자 위주의 부적과 구별하여 '부작화'(符作畵)라고 부른다. 부작화에 자주 등장하는 주인공은 닭·개·호랑이·매 등 맹금과 맹수들인데,『동국세시기』에 "정초 민가에서 벽에 닭·개·사자·호랑이 그림을 붙여 재앙과 역병을 물리치려 했다"고 한 기록을 보면, 이들 그림의 제작 목적이 무엇이었는지 확인할 수 있다.

호랑이가 주인공인 벽사용 그림에는 단독으로 호랑이만 그린 것과 까치와 호랑이를 함께 그린 까치호랑이 형식, 크게 두 가지 유형이 있다. 이들 그림 중에는 ①'안전사귀치소멸'(眼前邪鬼齒消滅), '출림맹호축삼재'(出林猛虎逐三災), ②'용수오복 호축삼재'(龍輸五福 虎逐三災) ③'송유능상절 호장축사멸'(松有凌霜節 虎將逐邪滅) 같은 문구가 적힌 것도 있다. 그 뜻은 각각 이렇다. ①'눈앞의 사악한 귀신을 이로 씹어 없앤다.' '숲에서 나온 맹호가 삼재(화재·수재·풍재)를 몰아낸다.' ②'용은 오복을 부르고, 용맹한 호랑이가 삼재를 몰아낸다.' ③'소나무는 서릿발을 능가하는 절개가 있고, 호랑이 장수는 사악한 것을 몰아내어 소멸시킨다.'

한편, 매를 주인공으로 한 부작화 역시 벽사의 목적으로 그려진 것이다. 형식은 단응삼두형(單鷹三頭形), 삼응형(三鷹形), 단응형(單鷹形), 쌍응형(雙鷹形) 등으로 나뉜다. 단응삼두형은 머리가 세 개인 한 마리의 매를 그린 것이고, 삼응형은 세 마리의 매를 그린 그림이다. 단응형과 쌍응형은 이름 그대로 각각 한 마리, 두 마리의 매를 그린 것이다.

호랑이 부작화, 국립민속박물관 소장(위)
호랑이 부작화, 국립민속박물관 소장(아래)

까치호랑이 그림, 국립중앙박물관 소장

 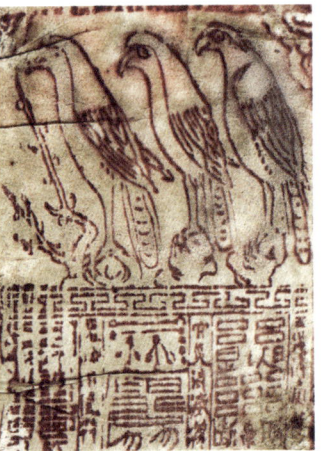

단응삼두형 삼재부, 국립민속박물관 소장(위 왼쪽)
삼응형 삼재부, 국립민속박물관 소장(위 오른쪽)
쌍응형 삼재부, '탁삼재'(啄三災), 국립민속박물관 소장(아래)

매 부작화에는 '삼재부'(三災符), '탁삼재'(啄三災) 등의 주문이 주로 쓰인다. 삼재에는 소삼재와 대삼재가 있는데, 소삼재는 병란·전염병·기근을, 대삼재는 수재·화재·풍재를 일컫는다. 삼재는 태어난 해의 간지(干支)와 관련이 있으며, 9년을 주기로 3년 동안 머문다고 한다. 12지(支)를 기준으로 일정한 규칙을 따르기 때문에 삼재법(三災法)이라 불렀다. 삼재가 드는 해를 삼재년(三災年) 혹은 액년(厄年)이라 하는데, 이 시기에 해당하는 사람들은 액을 쫓고 삼재를 면하기 위해 연초에 매 그림을 그려 문설주나 대문에 붙여 놓는다. 부유한 집안에서는 절에 가거나 무당을 찾아 삼재풀이와 같은 예방의식을 행하기도 했다.

그림의 주인공인 매는 포악성과 용맹성을 현실적 이미지로 바꿔주는 상징적 장치이다. 동시에 매는 형상일 뿐 아니라 용맹성과 예리함 그 자체로 여겨지기도 했다. 강력한 발톱과 날카로운 눈매로 곳곳에 숨은 사귀를 찾아내 부리로 쪼아[啄] 퇴치한다는 믿음이 이 그림들에 담겨 있다. 옛사람들은 이러한 매의 추상적인 힘을 빌려 삼재를 막고 벽사진경을 추구함과 동시에 심리적 안정도 얻고자 했다.

『회남자』(淮南子)에서는 "도도산에 천계(天鷄)가 있어 해가 뜰 때 울면 천하의 모든 닭이 따라 운다"[桃都有天鷄 日出即鳴 天下鷄皆鳴]고 했다. 고대인들은 수탉이 우는 것과 일출 현상을 동시에 경험하면서, 이 두 사건이 인과 관계로 연결되

〈천계도〉, 스미스소니언 자연사박물관 소장

어 있다고 인식했다. 주술은 이처럼 둘 사이의 관념적인 연결을 실제적 연결로 오인하는 데서 출발한다. 닭이 울면 해가 뜨고, 해가 뜨면 어둠이 물러가며, 세상이 밝아지면 음습한 기운과 사귀들이 물러난다는 것이 고대인들의 인식이었다.

벽사의 주술력은 닭 울음소리에서 나오지만 그림으로는 그 소리를 표현할 길이 없다. 그림에도 옛사람들은 닭 그림을 보며 상상 속에서 닭 울음소리를 듣고, 이성적 인식을 넘어선 주술의 힘을 믿어 의심치 않았다. 중국 양쯔강 중류 지역을 중심으로 한 형초 지방의 연중세시기인 『형초세시기』(荊楚歲時記)에는, "문 위에 닭 그림을 붙여 놓고 그 위에 갈대로 꼰 새끼를 매달고 그 옆에 도부(桃符)를 꽂아 놓으면 모든 귀신이 놀란다"라는 구절이 나온다. 예전 우리나라에서도 음력 정월 첫 닭 날[上酉日]이 되면 닭 그림을 그려 문 위에 붙여 놓아 악귀를 막는 비슷한 풍습이 있었다.

개의 경우는 어떠한가? 개는 날카로운 이빨의 호랑이나 강한 부리를 가진 매처럼 용맹하고 포악한 조수가 아니지만, 벽사의 주체로서 부작화에 자주 등장한다. 개가 벽사의 주체가 된 것은 평소에 못 보던 것이 나타나면 경계하며 짖는 개의 속성과 관련이 깊다. 사귀는 괴이하고 낯선 존재이므로, 그것이 나타나면 어느 개 한 마리가 짖고, 그 소리에 수많은 개들이 따라 짖으면서 사귀가 무서워 달아난다고 옛사람들은 믿었다. 이른바 '폐축'(吠逐)에 대한 믿음이다. 이것은 상

'당삼목구'(唐三目狗)와 매, '폐축삼재'(吠逐三災), '탁삼재'(啄三災), 가회박물관 소장

상에 의한 연관을 현실적인 연관으로, 주관적인 연관을 객관적인 연관 관계로 인식하는 전형적인 주술적 사고방식에서 비롯된 것이다.

개를 주인공으로 한 벽사화 가운데는 눈이 셋 달린 개가 등장하는 그림도 있다. '당삼목구'(唐三目狗)라 하는데, 눈을 세 개로 표현한 것은 사귀를 수색하는 벽사의 영력(靈力)을 배가시키기 위한 묘책이다. 장례나 나례 때 귀신을 쫓기 위해 쓰는 방상시 가면의 눈이 세 개인 것과 같은 이치다. 매를 함께 그린 것도 있는데, 이 역시 벽사의 영력을 높이기 위한 술책이다.

벽사화의 틀 속에 존재하는 모든 것은 현실의 그것과는 다른, 전혀 별개의 세계에 속한다. 다시 말해 그 안에는 호랑이[虎]·매[鷹]·닭[鷄]·개[狗]가 실재하는 것이 아니라, 이들을 형상화한 '그림'이 존재하는 것이다. 그러므로 주술 도구로서의 벽사화의 본질은 외형이 아니라, 그 이면에 담긴 의미에서 찾아야 한다. 그렇기에 벽사화를 두고 '아름답다'거나 '아름답지 않다'거나를 다투는 것은 애초에 의미 없는 일이다.

귀면: 악귀를 쫓는 귀의 얼굴

어떤 사물이나 현상에 관한 생각과 견해를 '관념'이라 하고, 그 관념을 특정한 방법과 매체를 통해 구체화하고 시각화하는 것을 '형상화'라 한다. 예컨대 산신도의 선풍도골(仙風道

骨) 노인은 옛사람들의 관념 속에 자리한 산신을 형상화한 것이다. 건축물은 물론 조각과 공예품에서도 흔히 볼 수 있는 귀면 역시, 당대 사람들의 관념 속에 살아 있던 '귀'의 얼굴을 형상화한 예다.

벽사용 장식에는 귀와 견줄 수 있는 도깨비나 괴수, 또는 용수(龍首)·용면(龍面)·도철(饕餮) 같은 이름을 가진 물상들이 많은데, 이들은 외형만으로는 정체를 정확히 구분하기 어려운 경우가 많아서 보통은 이들을 '귀면'으로 통칭한다. 이것이 용납될 수 있는 것은 이들 모두가 추상적이고 초현실적인 존재인 데다, 기본적으로 귀면과 같은 성격을 지니고 있기 때문이다.

귀면은 궁궐·왕릉·사찰 등 권위 있는 건축물에서부터 양반 가옥, 무덤의 부장품, 생활용품에 이르기까지 다양한 방면에서 인간의 부림과 기대에 따른 벽사용 주술 도구로서의 역할을 다했다. 궁궐 안을 흐르는 금천(禁川)은 궁궐을 명당 길지로 조성하기 위한 풍수적 장치인데, 금천을 건너는 석교의 수직 면에 귀면을 새겨 놓은 뜻은, 물길을 타고 침입할지도 모르는 사귀·사기·역귀(疫鬼) 등 해악 요소들의 접근을 막아 궁궐을 길상 공간으로 조성하려는 데 있다.

사찰에도 귀면이 있다. 사찰 귀면은 주로 법당 정면의 처마, 추녀 밑, 사래, 또는 수미단과 출입문 궁창(창호 문짝 아래에 판자를 댄 부분) 등에서 볼 수 있다. 도상은 당초(唐草)·초

궁궐의 귀면
창덕궁 금천교(1, 2), 창경궁 옥천교(3), 경희궁 금천교(4)

동래 범어사 관음전 귀면

엽(草葉)·길상초·연꽃·연봉·물고기 중 어느 한 가지 또는 두 가지를 입에 물고 있는 형식과 아무것도 물지 않은 형식으로 나뉜다. 전자에 속하는 예로는 동래 범어사 대웅전과 관음전, 강화 전등사 대웅전, 보은 법주사 팔상전, 구례 화엄사 원통전, 김제 금산사 대장전, 연기 비암사 극락보전의 귀면을 들 수 있다.

　이 가운데서 특히 눈에 띄는 것은 범어사 관음전 전면의 귀면이다. 붉고 푸른 초엽과 함께 물고기 두 마리를 물고 있는 모습인데, 이 같은 형식은 다른 곳에서는 좀처럼 보기 어려운 것이다. 강화 전등사 대웅전 수미단의 귀면은 날카로운 송곳니와 뿔을 가졌는데, 길상초를 입에 문 것과 연꽃이나 연봉을 문 모습이다. 벽사 기능에 불교적 의미가 더해진 것으로 보이는데, 실제로 종교적 색채가 짙은 귀면을 인도의 힌두교 사원에서도 볼 수 있다. 키르티무카(Kirtimukha), 즉 '영광의

인도 아잔타 석굴사원 제1굴의 키르티무카상

얼굴'로 불리는 이 귀면은 힌두교 시바 신의 무서운 한 측면을 표현한 것으로, 사악한 자를 물리치고 참배자를 보호하는 역할을 한다. 인도 아잔타 석굴 사원의 제1굴 정면 기둥머리에 있는 키르티무카 상은 기본 틀과 배치 위치에서 우리나라 사찰 귀면과 유사점이 많다.

 사찰 귀면 가운데는 목재 부조 형식으로 된 것도 있다. 앞서 말한 전등사와 환성사, 범어사 대웅전 수미단 귀면이 대표적인 사례다. 환조 형식으로 제작된 귀면은 드물지만, 강화 정수사 대웅보전 처마 밑에서 그 예를 찾을 수 있다. 사찰에서 가장 흔하게 볼 수 있는 귀면은 그림 형태로, 수덕사 선방 출입문처럼 궁창에 그려 넣은 것이 대부분을 차지한다.

 궁궐과 같은 권위 있는 건축물이나 규모가 큰 사찰 지붕에서 볼 수 있는 치미·취두·용두 등은 장식기와로 분류된다. 그러나 애초에 이 기와를 올린 목적은 용마루 양단을 단정

강화 정수사 대웅전 귀면(왼쪽), 강화 전등사 대웅전 귀면(오른쪽)

하게 마무리하거나 경사진 내림마루의 기와들이 흘러내리지 않게 하려는 데 있었다. 즉 기능성이 우선이고 장식성은 부차적이었던 셈이다. 추녀 끝에 잇댄 짧고 네모난 서까래를 사래라고 하는데, 이곳에 부착하는 기와를 사래기와라 한다. 사래기와는 다른 기와와 달리 처음부터 벽사용으로 만들어진 것으로, 용의 얼굴이나 머리를 본뜬 형태, 사람 얼굴을 연상시키는 형태, 사람과 짐승의 얼굴이 절충된 형태 등의 여러 종류가 있다. 사래기와에 난 구멍은 기와를 못으로 고정하기 위해 뚫어놓은 것이다.

귀면보다 유물 수가 적지만 우리 조상들의 상상력이 만든 초현실적인 벽사상이 있으니, 괴수문전(怪獸紋塼)의 괴수가 그것이다. 일제강점기에 부여 규암면 외리에서 출토된 백제 연화귀형문전과 산경귀형문전에서 그 예를 찾을 수 있다. 일반적인 귀면이 얼굴만 표현된 것과 달리 이들은 전신상으로서 허리띠를 차고 우람한 가슴 근육과 날카로운 송곳니를

귀면문 수막새(1)(고구려)
귀면문 사래기와(2,3,4)(통일신라)
국립중앙박물관 소장

연화귀형문전, 백제, 국립부여박물관 소장

드러낸 분노의 역사상(力士像)을 형상화한 모습이다.

　귀면은 인간의 편에 서서 특정 영역과 공간을 청정하고 상서롭게 유지하는 초자연적, 초인간적 존재이자 벽사용 주술 도구다. 주술의 영험을 극대화하기 위해서는 사귀들이 귀면을 보고 놀라 도망칠 만큼 그 형상이 공격적이고 위협적이어야 한다고 옛사람들은 믿었고, 또 그런 모습으로 형상화하려고 노력했다. 그러나 일본, 중국 등 다른 나라의 벽사상과 달리 우리나라 장인들이 만든 귀면의 표정은 생각만큼 사납거나 독살스럽지가 않다. 오히려 경계의 눈초리에 관대함이 배어 있고, 공포감을 조성하려 했던 표정에서조차 해학과 온화함이 묻어난다. 이는 모나지 않은 한국인의 타고난 심성이 귀면 미술에 자연스럽게 스며든 결과가 아닐까 생각된다.

2

망자를
위로하고
배웅하다

**장송과
명계의
미술**

옛날 고구려인들은 무덤 천장과 벽에 해·달·별과 같은 천체, 청룡·백호·주작·현무와 같은 사신(四神), 그리고 망자의 생전 삶을 묘사한 인물풍속화를 그렸다. 신라 사람들은 특정 대상을 본뜬 상형 토기와 금동신발, 십이지신상 등의 부장품을 시신과 함께 땅에 묻었으며, 왕릉의 봉분을 둘러싼 호석(護石)에는 십이지신상을 새기고, 능역에는 문·무인석과 사자석상을 배치했다. 그런가 하면 백제인들은 왕릉에 석조 진묘수(鎭墓獸)를 부장하였고, 고려인들은 무덤 내부 천장과 벽에 성좌와 십이지신상을 그렸다.

조선시대에는 문·무인석과 석호·석양·석마 등의 동물 석상을 왕릉에 배치했으며, 양반가에서는 상여 장식에 온갖 정성을 쏟았다. 한 집안의 가장이 객지에 나와 있을 때는 사당과 제례상을 그린 감모여재도(感慕如在圖) 앞에서 조상 제사를 지내기도 했다. 불교 사찰에서는 선승이 열반하면 다비한 후에 5층의 오륜탑을 세워 망자를 기렸고, 아미타불을 주존으로 하는 감로왕도 앞에서 망자의 극락왕생을 빌었다. 이처럼 망자를 위한 미술은 천문, 길상, 벽사 등 인간 삶의 중요한 요소들로 엮어진 총체적 문화 양상을 보여준다.

사생관의 핵심은 삶과 죽음의 문제를 어떻게 생각하고, 또 어떻게 대응하느냐 하는 사상과 태도에 관한 문제다. 이러한 사생관이 망자를 위한 미술을 이해하는 데 중요한 까닭은, 그 내용에 따라 표현의 양태 또한 달라지기 때문이다.

죽음에 대한 사유 체계는 종교마다 다르다. 무교에서는 영혼 불멸과 저승에 대한 관념을 기초로 죽음을 이해한다. 사람이 죽으면 육체는 사라지지만, 영혼은 저승에서 생전과 같은 생활을 계속 이어간다고 믿는다. 또한 "대문 밖이 황천일세"라는 상엿소리의 한 구절에서 엿볼 수 있듯이 저승이 이승과 가까운 곳에 있다고 여긴다.

유교 사생관에는 사람이 죽은 뒤 저승에 가거나 환생한다는 개념이 없다. 대신 혼(魂)·백(魄)이 모이고 흩어짐에 따라 생사가 나뉜다고 본다.『예기』에는 "혼기(魂氣)는 하늘로 돌아가고 형백(形魄)은 땅으로 돌아간다. 따라서 제사는 혼백을 음과 양에서 구하는 것이다"[魂氣歸于天 形魄歸于地 故祭求諸陰陽之義也]라고 기술돼 있다. 조선시대에 왕과 왕비의 신주를 모시는 종묘와, 시신을 묻는 능원(陵園)을 분리하여 병존시킨 것은, 생과 사를 정신적인 혼과 육체적인 백의 이합집산으로 해석하는 유교적 사생관의 소산이다. 유교적 사생관은 제사 절차에서 더욱 선명히 드러난다. 제례 시에 가장 먼저 행하는 절차가 분향과 뇌주(酹酒)다. 분향은 향을 피워 하늘의 혼기를, 뇌주는 술을 모래에 따라 땅의 형백을 감응시키기 위한 것이다. 이 두 절차를 통해 하늘과 땅으로 흩어진 망자의 혼과 백이 다시 결합하여 제사상에 임하면 제례가 본격적으로 시작된다.

한편, 불교의 삶과 죽음에 관한 문제는 연기론(緣起論)

을 바탕으로 전개된다. 연기의 현상은 무상(無常)이고, 곧 무아(無我)이다. 무상은 시간적 개념으로, 모든 존재는 생기고 끊임없이 변화하고 또 사라지기 때문에 머무름이 없다는 뜻이다. 무아는 공간적 개념으로, 어떤 존재든 특정한 작용으로 생겨났다가 또 다른 특정한 조건에 의해 분해되고 소멸하기 때문에, 그 하나하나에는 원래부터 실체가 없다는 것이다. 생사 문제에 관해서는 우주를 이루는 요소인 사대(四大), 즉 지·수·화·풍의 합일과 분리에 따라 생사가 갈린다고 본다. 사대에 공(空)을 더한 개념이 오대(五大)인데, 이를 기하학적 도형으로 형상화한 것이 바로 오륜탑이다.

묘장 벽화
사후 거처를 장식하다

가무장송도: 죽음을 축제로

사람이 죽으면 상장례(喪葬禮)를 치른다. 상례는 주검을 입관한 후 빈소를 마련하고 조객을 맞이하는, 다시 말해 산 사람 위주의 의례다. 반면 장례는 망자를 이승과 분리해 저승으로 보내는 장송의 과정으로, 이때는 망자를 위한 온갖 정성과 배려가 집중된다.

고대 장송 의식에서 중요한 비중을 차지했던 것이 가무(歌

고구려 무용총 내벽의 〈가무행렬도〉

舞)다. 그 장면을 확인시켜주는 가장 오래된 유례 중 하나가 고구려 무용총의 〈가무행렬도〉이다. 4세기 말에서 5세기 초에 축성된 무용총은 발굴 전에는 이름 없는 무덤의 하나였으나, 1935년 발굴 조사 때 널방[玄室] 동남쪽 벽에 그려진 〈가무행렬도〉가 확인되면서 무용총이라는 이름을 얻게 되었다.

무덤 내부에 벽화를 그리는 행위 자체가 장송 의례의 한 부분이다. 『수서』(隋書) 동이열전 「고려」(고구려) 조에 이런 기록이 보인다.

> 처음부터 끝까지 곡하고 울지만, 장례 때는 북을 치고 춤을 추고 악곡을 연주하면서 (망자를) 보낸다.

이것은 무용총 〈가무행렬도〉가 단순히 무덤 주인이 생전에 즐기던 유희의 한 장면을 기록한 것이 아님을 확인해준다. 장송 의례에서 가무는 죽음을 슬픔으로만 받아들이지 않고, 축제로 승화시키는 가무극적인 성격을 띤다. 그래서 무용총의 〈가무행렬도〉는 죽음을 더 좋은 곳으로 가는 여정의 시작으로 여기면서, 노래와 춤으로 저승길의 지루함과 무서움을 달래 주는 장송 의례의 한 장면을 그린 것으로 볼 수 있다.

인물풍속도와 사신도: 망자와 산 사람 모두를 위해

무교에서는 한을 품고 죽은 사람은 저승에 정착하지 못하고 원귀(冤鬼)가 되어 이승을 떠돌면서 문제를 일으키고, 억울하게 죽은 사람은 자신의 원통함을 이승 사람들이 풀어주기를 바란다고 믿었다. 수명을 다해 죽은 사람이라도 저승에서의 생활이 만족스럽지 못하면 이승에 미련을 두고 산 사람을 괴롭힌다고 생각한다. 이와 반대로 명예를 회복시켜 주고 후하게 대접하면 혼령은 반드시 그 은혜를 갚는다고 한다. 망자의 공간인 음택을 명당에 조성하고, 값비싼 부장품을 껴묻거나 벽화로 무덤을 장식하는 등의 일은 망자를 위한 것이지만, 결국 그것은 산 사람을 위한 일이기도 한 것이다.

　잘 알려진 것처럼 고대 묘장 벽화 중에서 내용과 예술적 기량 면에서 탁월한 경지를 보여주는 것이 고구려 고분 벽화이다. 벽화의 내용은 크게 ①인물풍속도, ②인물풍속도 및

인물풍속도, 강서 덕흥리 벽화 고분의 인물풍속도(위)
안악 3호분 벽화의 주방(아래)

사신도(四神圖), ③사신도 계열로 분류할 수 있다. 이 가운데 가장 많은 양을 차지하는 것이 인물풍속도이다. 이 유형은 망자의 실내외 생활 모습과 함께 가족·측근·시자(侍者)·호위인들의 모습, 행렬·사냥·씨름·전투·무악·교예 등 풍속과 관련된 장면, 그리고 방앗간·부엌·외양간·우물 등 주생활 시설을 소재로 삼고 있다.

인물풍속도 및 사신도 유형은 인물·풍속 관련 장면과 함께 청룡·백호·주작·현무 같은 사신, 그리고 비천·신선 같은 초현실적 존재들을 함께 그리고 있다. 반면, 사신도 유형은 다른 내용 없이 사신도만 그린 것이 특징이다. 사신도는 고구려의 강서대묘, 강서중묘, 약수리 벽화묘, 사신총, 덕화리 제1호 무덤 등에서 그 유례를 찾아볼 수 있다. 이들 중에 강서대묘 〈사신도〉가 걸작으로 꼽히는데, 특히 〈현무도〉는 완숙하고 세련된 조형미로 유명하다. 백호는 목을 길게 뺀고 입을 크게 벌린 모습인데, 그의 용맹성이 잘 드러난다. 주작은 억센 날개를 퍼덕이며 막 날아오르려는 듯한 자세가 역동적이고 화려하다. 그리고 청룡은 소리치고 있는 듯한 큰 입에 타는 듯한 혀를 내민 모습인데, 속도감과 웅혼함이 전체 분위기를 압도한다.

망자가 안치된 무덤은 사방이 열려 있어 중심이 분산된 공간이다. 그렇지만 사방에 청룡·백호·주작·현무의 사신상(四神像)을 배치하면 망자가 누워 있는 자리는 세계의 중심이

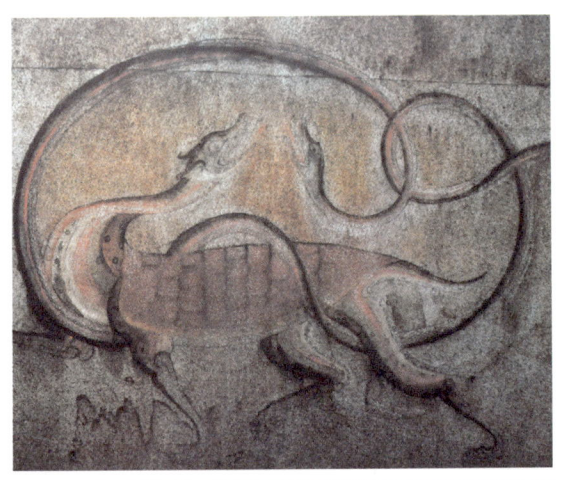

통구 사신총의 사신도 중 현무도와 주작도.

순흥 벽화 고분의 인물상. 영주시 순흥면 읍내리 소재

된다. 오행과 계절의 순환이 이곳을 중심으로 이루어지고 사방의 방위신이 보호하는 망자는 영생을 누리게 되는 것이다.

고구려인들이 이처럼 온갖 노력과 정성을 다해 무덤을 벽화로 장식한 것은 망자가 저승에 가서도 이승보다 더 나은 생활을 할 수 있게 하려는 데 목적이 있었다. 저승에서의 생활이 만족스럽고 행복하면 이승에 미련을 둘 필요가 없고, 산 사람을 괴롭힐 이유도 없다. 죽은 사람과 산 사람 모두가 만족할 수 있는 길을 묘장 벽화가 열어주는 것이다.

고구려인들과 마찬가지로 백제와 신라 사람들도 무덤 안에 벽화를 그렸다. 고구려 고분 벽화만큼 장엄하거나 화려하지는 않지만, 무덤 주인이 저승에서 부귀영화를 누리기를 바라는 마음은 그들과 같았다. 백제 고분 벽화의 대표적인 예로 공주 송산리 6호분과 부여 능산리 벽화 고분을 꼽을 수 있다.

개성 현정릉의 〈십이지신도〉, 개성 광역시 개풍군 무선봉 중턱(위)
파주 서곡리 고려 벽화 묘의 십이지신상. 양(아래 좌), 토끼(아래 우)

이들 무덤의 내부 천장과 벽에는 사신도, 구름, 연꽃이 그려져 있는데, 백제다운 부드러움을 간직한 것이 특징이다. 신라인들이 남긴 묘장 벽화는 고구려의 것과 질적으로나 양적으로 비교하기 어려운 수준이지만, 망자를 위로하고 행복을 누리게 하려는 마음만은 다르지 않았다. 그 흔적을 영주의 순흥 벽화 고분과 어숙묘에서 찾아볼 수 있다.

고구려 묘장 벽화의 전통은 고려시대로 이어졌다. 그러나 고구려 벽화의 그 웅장함과 화려한 모습은 찾기 어렵고, 십이지신상을 중심으로 한 간소하고 형식화된 벽화가 주를 이루었다. 이 시대 묘장 벽화의 대표적 유적으로 현정릉 내부의 〈십이지신도〉를 꼽을 수 있다. 개풍군 무선봉 중턱에 자리한 현정릉은 고려 제31대 공민왕(재위 1351~1374)의 현릉(玄陵)과 노국대장공주의 정릉(正陵)을 합쳐 일컫는 능 이름이다. 광(壙) 내 북·동·서 세 벽에 십이지신상이 그려져 있는데, 십이지 동물의 머리가 그려진 보관을 쓰고 홀을 든 문신 모습이다.

수관인신형(獸冠人身形) 십이지신상은 사대부 묘에서도 확인된다. 1916년 개성 수락암동 제1호 고분에서 출토된 십이지신상이 그 예로, 소매가 넓은 장포(長袍)를 입고 홀을 든 채 정면을 바라보는 자세를 취하고 있다. 무덤 천장에는 동서남북 각 방향에 일곱 개의 별로 구성된 성좌가 그려져 있는데, 이는 청룡·백호·주작·현무와 같은 사신의 상징성을 갖는다.

묘주가 권준(權準, 1281~1352)으로 알려진 파주 서곡리의 고려시대 무덤에서도 벽화가 발견되었다. 1991년 3월, 경기도박물관이 시행한 발굴 조사에서 무덤 천장 중앙 판석에 북두칠성, 삼태성, 북극성 등을 그린 성수도와, 네 벽에 그려놓은 12구의 십이지신상이 확인되었다. 개성시 개풍군 장단면 법당방 석실 고분에서도 일월성신도와 수관인신 형태의 십이지신상이 발견되었다. 또한 조선의 세종과 그의 비인 소헌왕후 심씨의 능인 영릉 석실에도 고구려 계통의 고분에서 보이는 사신도와 일월성신도가 그려져 있는 것이 확인되었다.

부장품
죽은 이를 위한 물품

고대인들은 시신을 매장할 때 장신구나 생활 용구 등 망자가 생전에 쓰던 물건과 함께 특정 기물·동물·인물의 모양을 본뜬 상형 토기 등을 무덤에 함께 넣었다. 상형 토기는 영혼을 천상과 극락으로 인도하기 위한 것, 생전의 불행과 결핍을 보상하기 위한 것, 살아 있을 때 누린 부·명예·권세를 죽은 뒤 영혼의 세계에서도 누리기 위한 것, 사악한 기운으로부터 망자를 보호하기 위한 것 등 다양한 목적에 따라 만들어졌다.

집 모양 토기, 가야(좌), 통일신라(우), 국립중앙박물관 소장

집 모양 토기: 저세상의 살림집

위 그림은 가야 고분에서 출토된 집 모양 토기와 통일신라 고분에서 출토된 집 모양 토기를 보여준다. 큰 굴뚝이 특징인 가야의 집 모양 토기는 살림집을 형상화한 것이다. 가야의 집 모양 토기 중에는 다락집 형태로 된 것도 있는데, 이는 곡식 등을 저장하는 창고가 곁들여진 집으로 추측된다. 통일신라의 집 모양 토기는 한 칸 규모의 기와집 형태로, 지붕은 팔작지붕 구조로 되어 있다. 이 유형의 토기를 망자의 뼈를 담는 용기로 해석하는 학자도 있으나, 매장(埋葬)을 주로 했던 시대의 유물인 만큼 그러한 해석은 설득력이 약하다. 망자가 생전에 살던 살림집을 그림으로 재현한 예를 안악 3호분 등 고구려 고분벽화에서 볼 수 있는 만큼, 이와 관련해 볼 때 집 모양 토기는 망자의 거처를 공예적 이미지로 상징화한 것으

로 해석하는 것이 타당하다.

새 모양 토기: 천상으로 가는 탈 것

고대인들에게 하늘은 생명의 근원이자 영혼의 거처였다. 고대에는 하늘에 제사를 지낼 때 쑥을 태우는 설소(爇蕭) 의식을 행했는데, 이는 그 향기로써 천상의 혼을 감응시키기 위함이었다.『삼국지』위서「변진전」에 "장례에 큰 새의 깃털로써 죽은 자를 보내는데, 이것은 죽은 자가 날아오르게 하기 위함이다"[以大鳥羽送死 其意欲使死者飛揚]라는 기록이 있다. 이를 보아 고대 조상들은 새를 지상의 뜻을 하늘에 전하는 메신저이자, 사후 망자가 천상으로 갈 때 타는 탈것으로 여겼음을 알 수 있다. 무당이 죽은 사람이 극락에 갔는지 지옥에 갔는지를 알아내기 위해 쌀점을 칠 때에도 새에 의탁한다. 소반 위에 얇게 펼쳐 놓은 쌀 위에 새 발자국이 나타나면 망자가 극락왕생했다고 풀이한다.

줄거리를 갖춘 서사 양식의 무가(巫歌)인〈바리공주〉에서는 두루미가 복을 점지하는 길조로, 까막까치는 저승길을 안내하는 사자(使者)로 등장한다. 덕흥리 고분과 무용총 등 고구려 고분의 천상도에도 새가 등장한다. 페루 안데스산맥 기슭에 사는 잉카의 후예인 케로족은 지금도 콘도르 새를 천신 또는 천의를 전하는 메신저로 여기며 매년 그 새를 위한 축제를 열고 있다. 이런 몇 가지 사례들을 종합해 볼 때, 무덤에

새 모양 토우(신라)(위)
오리 모양 토기(원삼국)(아래), 국립중앙박물관 소장

매납된 새 모양 토기는 망자를 천상으로 인도하는 탈것의 의미를 지니고 있다고 볼 수 있다. 관련 유물로는 국립중앙박물관 소장의 새 모양 토기, 경주 식리총 출토 새 장식 청동합, 천마총 출토 조형 칠배(漆杯), 공주 무령왕릉 출토 새 날개형 관식 등이 있으며, 고려시대 것으로는 개성 출토 새 모양 토기가 있다.

배 모양 토기: 바다 건너 극락 가는 배

경주 문화권과 가야 권역에서 배 모양 토기가 출토된 적이 있다. 경주 주변에서 출토된 배 모양 토기는 카누 비슷한 형태에 약간의 장식을 가한 것으로, 모두 장송 의례와 관련된 유물이다. 무교의 저승은 사람이 죽은 뒤에 그 영혼이 가서 산다는 곳이다. 그런데 저승과 이승을 강과 바다가 가로막고 있어서 저승 가는 길이 만만치가 않다. 죽은 사람의 영혼을 저승, 곧 극락세계로 보내는 지노귀굿에서 읽히는 〈바리공주〉에 이런 내용이 있다.

> 바리공주가 자신을 딸이라는 이유로 버린 업보로 인해 죽은 아버지 대왕마마를 살리기 위해 약수를 구하고 궁으로 돌아가던 길에 큰 바다를 만나게 된다. 배가 지나가는 것을 보고 궁금하여 일행 중 한 사람에게 물으니, "저 배는 망자가 세상에 있을 적에 많은 공덕을 지어 극락세계 연

배 모양 토기, 신라시대, 국립중앙박물관 소장

화대에 소원 성취하러 가는 배입니다"라고 답한다. 그 뒤에 또 한 척의 배가 따르고 있어서 다시 묻자, "나라에 충성하고, 부모에 효도하고, 동기간에 우애 있고, 일가에 화목하고, 동네 사람에게 유순하고, 가난한 사람 구제하며, 선심으로 평생을 살다가 죽은 후에 초단에 사제삼성 지노귀굿 받고, 이단에 새남굿 받고, 삼단에 법식 받고, 시왕제 사십구재 백일재 받아 극락세계에 왕생하러 가는 배입니다"라고 답한다.

무교에서 배는 이처럼 망자의 혼령을 극락으로 실어 나르는 역할을 한다. '용왕선'이라는 것이 있는데, 이는 망자의 천도를 위한 각종 굿에서 죽은 이의 원령이나 바다를 떠도

〈반야용선도〉, 양산 통도사 극락전 외벽(위)
동제신주문경, 고려, 국립중앙박물관 소장(오른쪽)

는 고혼을 달래어 저승으로 태워 보내는 배다. 세속 불교에 '반야용선'이라는 배가 있다. 불자의 영혼을 싣고 서방정토로 나아가는 배다. 예를 들어 양산 통도사 극락전 외벽의 〈반야용선도〉

에는 인로왕보살과 지장보살이 아낙·선비·양반·노인 등 다양한 계층의 사람들을 태우고 거친 파도를 헤치며 서방정토를 향해 가는 극적인 장면이 그려져 있다. 배는 타고 가기도 하고 오기도 하는 것이지만, 무속이나 통속 불교에서의 배는 항상 이상향을 찾아 먼 곳을 향해 떠나가는 이미지로 그려진다.

배는 한편으로 구제(救濟)의 상징이기도 하다. 예컨대 고려시대의 동제신주문경(銅製神舟紋鏡)에서 '황비창천'(煌丕昌天)이라는 네 글자 명문과 함께 파도를 헤치며 항해하는 배[神舟]의 모습을 볼 수 있다. 이 명문은 직역하면 "밝게 빛나고 크게 창성한 하늘"이라는 뜻이지만, 하늘이 보우하여 천하가 번영하고 항해가 순조롭기를 바라는 뜻으로도 풀이된다. 국립중앙박물관의 유물 설명문에서는 이 배를 신선계를 찾아 항해하는 상징적 모습으로 해석하고 있다.

수레 모양 토기: 험한 저승길 편하고 안전하게

위에서 말한 지노귀굿의 〈바리공주〉 직후에 구송되는 〈지노귀무가〉에서는 저승길의 모습과 주의해야 할 일들이 구체적으로 제시된다. 칼산 지옥, 불산 지옥, 독사 지옥을 지날 때는 밝고 좁은 길로 갈 것이며, 넓고 어두운 길은 그냥 지나치라고 말한다. 사람이 죽어 저승으로 가는 길은 멀고 험난하다. 자칫 길을 잃으면 망자는 원령이 되어 이승을 떠돌며 산 사람을 괴롭힐 수도 있다.

강과 바다를 건너는 데는 배를 이용하면 되지만, 멀고 험한 육로를 갈 때는 도중에 헤매지 않고 바른길을 따라 저승으로 편히 갈 수 있게 해주는 장치가 필요하다. 그 역할을 하는 것이 바로 수레다.

조선의 실학자 박지원(朴趾源, 1737~1805)은 『위학지방도』(爲學之方圖) 발문에서 "명계(冥界)의 지남거(指南車)요 미계(迷界)의 보벌(寶筏: 뗏목)"이라 했다. '지남거'는 정방향을 가리키는 수레라는 뜻이다. 태곳적에 황제가 치우와 싸울 때 치우가 피운 짙은 안개로 병사들이 방향을 잃고 우왕좌왕하자 황제가 방향을 지시하기 위해 만들었다는 것이 지남거다. 진(晉)나라 이후로 황제가 행차할 때 앞길을 바로 인도하기 위해 이 수레를 사용했다고 한다.

'발인'(發軔)이란 수레바퀴의 굄목[軔]을 제거하고 저승을 향해 떠나는 것을 뜻한다. 저승 가는 길을 분명히 알고 있

수레바퀴 모양 토기, 가야, 국립중앙박물관 소장

으면 샛길로 빠지거나 엉뚱한 갈림길에서 방황할 일도 없고, 지름길을 가다가 가시덤불을 만날 위험이나 중도에 포기할 걱정도 없다. '명계의 지남거'로 여겨지는 수레 모양 토기를 무덤 속에 껴묻는 이유가 바로 여기에 있다.

금동신발: 위세와 부귀를 자랑하다

예로부터 신발은 오랫동안 인간과 깊은 유대 관계를 맺어 왔다. 그런 만큼 신발 관련 속신(俗信)도 적지 않다. 신발 밑에 못이나 징이 밟히면 돈을 받을 징조이고, 꿈에 신발을 주우면 노복에게 길한 일이 생긴다고 한다. 출타 시에 앞일의 성패가 걱정되면 신발 한 짝을 던져 그 머리가 자기 쪽을 향하거나 엎어지면 좋지 않고, 앞부리가 길 가려는 쪽을 향하면 그날은 재수 좋은 일이 생긴다고 여겼다. 또한 사람이 죽어 영혼을 부르는 초혼(招魂) 의식이 끝나면 일곱 개의 주발에 밥을 담아 놓고 그 앞에 짚신 한 켤레씩을 놓아두는데, 이는 죽은 자의 영혼을 데리러 온 사자에게 새 짚신을 신고 서둘러 저승으로 데려가라는 뜻을 담고 있다.

고려 안축(安軸, 1282~1348)이 지은 「관동별곡」에 "옥잠주리 삼천도객"(玉簪珠履 三千徒客)이라는 구절이 나온다. '옥잠주리'는 옥비녀와 진주로 장식한 신발이라는 뜻으로, 귀인이나 고관대작을 일컫는 상징어로 흔히 쓰였다. 『사기』「춘신군 열전」에 실린 '주리' 관련 설에는 이런 이야기가 나온다.

> 조(趙)나라 평원군이 초나라 춘신군에게 사신을 보낼 때, 그 사신이 자신을 과시하고자 진주로 장식한 신을 신고 갔다. 그런데 춘신군의 무리 삼천 명이 모두 주리를 신고 있는 것을 보고 흠칫 놀라 부끄러워했다.

한편, 적석(赤舃)은 고대에 천자나 제후, 또는 높은 벼슬아치가 신던 붉은 가죽신을 말한다. 따라서 '적석을 신은 사람'이라고 하면 곧 제후나 고관대작을 가리키는 말이 된다. 이처럼 고대 사회에서 신발은 신분, 권세, 부의 강력한 상징이었다.

식리총 금동신발, 신라, 국립중앙박물관 소장(위)
식리총 금동신발 바닥 문양, 국립중앙박물관 소장(아래)

왕릉에서 출토된 신발은 대개 금동신발이다. 황남대총(남분·북분)·천마총·금관총·서봉총·금령총·식리총과 같은 큰 무덤뿐만 아니라, 경주 인근의 양산·대구 달서·의성 탑리 일대 무덤에서도 금동신발이 출토되었다. 금동신발은 무덤에 매납된 다양한 황금 장신구들과 마찬가지로 피장자의 정치·사회적 지위를 상징하는 위세품(威勢品)의 하나였다.

위 그림은 식리총 출토 금동신발 바닥에 시문된 문양 일부를 보여준다. 수수인신(獸首人身)·인두조신(人頭鳥身)·귀면인신(鬼面人身)·조익서수(鳥翼瑞獸) 등 초현실적 인수 문양과 함께 서조·쌍조·보련화·연주(連珠)·화염 등 다채롭고 환상적인 문양들이 신발 바닥을 빈틈없이 채우고 있다. 이 정교하고 화려한 장식 문양들은 망자를 이상적이고 초현실적인 천상 세계로 인도하기 위한 장치이자 묘책이다.

십이지신용: 음택의 우주 시계

1986년 경주 용강동 고분에서 청동제 십이지신상이 출토되었는데, 이는 우리나라 고분 발굴사상 최초의 십이지신상 유례로 꼽힌다. 출토 당시 '子'상이 정북에 배치되어 있었고 이를 시작으로 각 십이지신상이 시계방향으로 배열되어 있었다. 원래는 동서남북 네 방향에 각 세 점씩, 모두 열두 점이 배치되어 있었을 것으로 추정되지만, 그중 다섯 점은 발견되지 않았고 '子'·'丑'·'寅'·'卯'·'午'·'未'·'申' 등 일곱 점만 확인

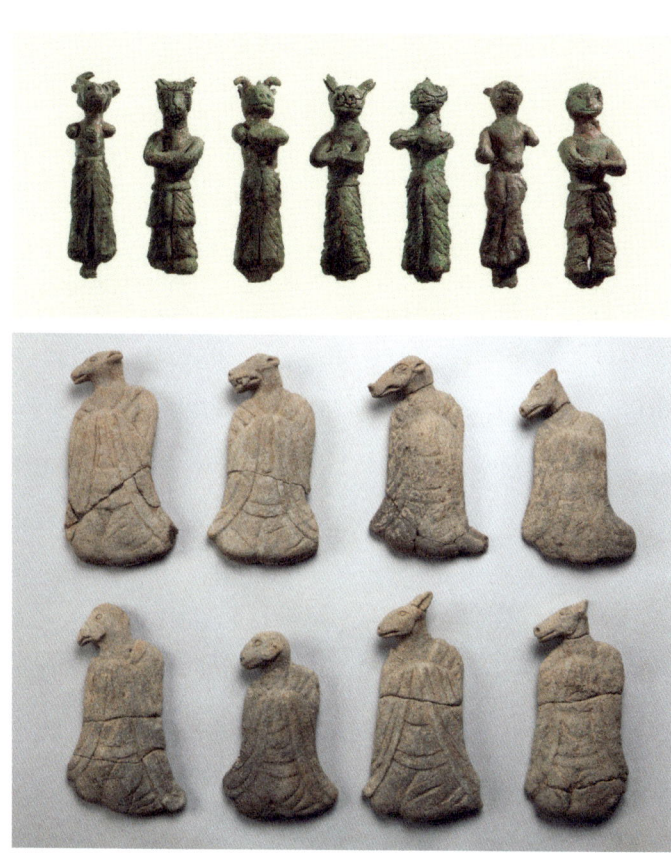

경주 용강동 고분 출토 청동 십이지신상, 국립경주박물관 소장(위)
경주 화곡리 출토 소조 십이지신상, 국립경주박물관 소장(아래)

되었다. 묘주와 축조 연대를 정확히 알 수 없으나 함께 발견된 유물로 미루어 볼 때 7세기 후반에서 8세기 전반에 조성된 신라 지배층 무덤으로 추정된다. 한편, 화곡리 출토 소조 십이지신상의 경우, 발굴 당시 '辰'·'巳'·'午'상은 훼손된 상태였고 나머지 아홉 점만 온전한 형태로 수습되었다. 그리고 경주 건천읍 모량리의 석제 십이지신상은 통일신라시대 고분에서 나온 것으로 확인되었다.

고대 동양인들은 계절의 변화를 천체의 운행 상태로 파악했다. 그중에서도 특별한 관심을 갖고 관찰했던 천체는 북극성과 북두칠성이었다. 북두칠성의 자루 부분을 건(建)이라 하는데, 이 건이 북극성을 중심으로 시계방향으로 돌면 열두 달이 순차적으로 오고 간다. 정월은 '寅'월, 2월은 '卯'월, 3월은 '辰'월…, 이렇게 한 바퀴 돌면 11월은 언제나 '子'월이 되는데, 이러한 시간 개념을 '월건'(月建)이라 한다. 또한 북두칠성의 자루는 정월에는 '寅'을 12월에는 '丑'을 가리키면서 1년에 한 바퀴 도는 것을 끝낸다. 이때 북두칠성 자루가 가리키는 '寅', '丑' 등의 십이지는 공간 개념이자 방위 개념이다.

우주(宇宙)는 공간적 세계인 우(宇)와 시간적 세계인 주(宙)의 융합체다. 공간과 시간은 서로 분리된 것이 아니라, 복합적으로 함께 존재한다. 시간과 공간 개념의 합체인 십이지는 무덤을 우주적 시간 질서 속에 편입시키며, 신상으로서의 십이지신상은 묘주를 각 방위에서 수호하는 방위신의 역할을 한다.

진묘수: 무덤을 지키는 신령한 동물

고대인들은 공상 속에서 신령스러운 새와 짐승, 즉 신조영수(神鳥靈獸)를 창안했다. 그들은 이들을 회화, 조각, 또는 공예적 이미지로 형상화하여 삶의 공간, 망자가 거처하는 유택(幽宅) 등 다양한 공간에 배치함으로써 벽사진경을 도모했다. 이 가운데 무덤 속에 둔 짐승 모양의 '진묘수'는 오직 죽은 자를 위한 장치라는 점에서 일반적인 벽사상과 구별된다. 중국에서는 전국시대 초나라 무덤에서 처음으로 진묘수가 발견된 바 있고, 이후 위·진에서 수·당 시기까지 유행하다가 5대 시기를 거치며 점차 사라진 것으로 알려져 있다. 우리나라에서는 백제 무령왕릉에서 발견된 진묘수가 대표적 유례로 꼽힌다.

진묘수를 묘실에 두는 풍습은, 흉한 일에는 사악한 것이 따르고 산수 간에는 눈에 보이지 않는 악령이 서식한다는 미신적 신앙 관습에서 비롯되었다. 『예기』「제의」(祭義)에서 "중생은 반드시 죽고, 죽으면 반드시 흙으로 돌아가니, 이것을 귀(鬼)라고 한다"라고 했다. 옛사람들은 이처럼 무덤 자체를 귀의 공간으로 인식했다. 『주례』에 "방상시가 묘 터에 들어가서 망상(魍像)을 쫓아낸다. 망상은 죽은 자의 간과 뇌를 먹기 좋아하는데, 인가에서는 당해 낼 수가 없다. 그래서 눈이 넷 달린 방상시를 묘 곁에 세워 못 오게 막는다. 망상은 호랑이와 측백나무를 겁내므로 묘소 가에 측백나무를 심고 길가에 석호(石虎)를 세운다"라는 기사가 있다.

악령은 다양한 이름으로 불렸는데, 산의 요괴를 기망량(夔魍魎), 물의 요괴를 용망상(龍罔象), 흙의 요괴를 분양(羵羊)이라고 하였다. 이들 모두 기(氣)가 어긋나 생기는 것이라 여겨졌다. 『기언』의 「귀신설」과 『후한서』 「여복지」(輿服志) 등 진묘수 관련 기록에서는, 이들을 쫓기 위한 수호물로 뿔이 하나 달리고 호랑이를 닮은 진묘수를 능묘 앞에 놓아둔다고 했다.

진묘수의 광적이고 괴이한 모습은 초현실적 기운은 초현실적 형태에서 나온다는 일원론적 사고에서 비롯된 것이다. 즉, 강력한 영적 힘을 발휘하려면 그 형상 또한 비범해야 한다는 믿음이 이 같은 모습의 진묘수를 만들어 낸 것이다. 초현실적 물상을 창조하는 방법에는 두 가지가 있다. 하나는 새·짐승·인간·어류 등 이질적 개체의 특정 부위를 분해하고 조합해서 새로운 존재를 창조하는 것이다. 예컨대 용·봉황·인두조신·귀면인신·물고기 비늘을 가진 짐승, 날개를 단 짐승 등이 이에 해당한다. 다른 하나는 실존하는 개체의 특정 부분을 왜곡하거나 과장하여 비범한 형상을 만들어내는 것이다. 예를 들어, 외뿔 또는 셋 이상의 뿔을 가진 짐승, 화염각(火炎脚: 불꽃을 상징하는 장식)을 가진 짐승 등이 이에 해당한다.

무령왕릉의 진묘수는 괴이한 모습이지만 중국 진묘수에 비할 정도는 아니다. 아래 그림의 진묘수는 몸 군데군데에 붉은색이 도는 것을 볼 때 원래는 온몸에 벽사색인 붉은색이

무령왕릉 진묘수, 백제, 국립공주박물관 소장(위)
진묘수, 당, 국립중앙박물관 소장(아래)

칠해져 있었던 것으로 보인다. 특히 눈길을 끄는 것은 머리 위쪽에 있는 톱니 모양의 쇠뿔인데, 이것은 금속의 기운을 일으켜 요괴를 막으려는 의도에서 나온 것이다. 옛 기록에 따르면, 고대 하(夏)나라 개국 황제 하우씨(夏禹氏)가 천하를 다스릴 때 산천의 온갖 기이한 물건 모양을 새긴 솥[鼎]을 만들어 백성들이 내와 습지와 산림에 들어가도 귀신을 만나는 일이 없게 하고, 요사한 도깨비가 솥을 두려워하고 꺼려 능히 덤벼들지 못하도록 미리 방비했다고 한다 「성호사설」 만물문 「주정상물」(鑄鼎象物). 조선의 김창협(金昌協, 1651~1708)은 금속의 기운, 즉 금기(金氣)의 작용에 대해 이렇게 말했다. "성날 때는 기운이 자연히 위세가 있고 엄숙한데, 이는 가을에 만물을 말려 죽이는 금기의 작용이다"「농암집」「사단칠정설」(四端七情說). 이처럼 굳세고 과감한 기운은 금기에서 나온다. 무령왕릉 진묘수에 붉은색을 칠하고 쇠뿔을 단 까닭은 붉은색의 왕성한 양기와 쇠뿔의 굳세고 과감한 금기로써 요괴를 막기 위함이었다.

상여 장식
떠나는 길을 장식하다

'발인'(發靷)은 수레를 타고 멀리 떠날 때 바퀴의 굄목, 즉 인(靷)을 제거하는 데서 유래한 말이다. 빈소에서 발인하여 시

산청 전주최씨 고령댁 상여, 국립민속박물관 소장

신을 장지까지 옮길 때 이용하는 것이 상여다. 현재 몇몇 박물관에 소장된 옛 상여들의 장식 실태를 살펴보면 그 종류가 다양하고 채색 또한 현란하다. 이토록 정성을 들여 상여를 꾸민 까닭은 망자를 저승으로 보내는 마음이 그만큼 애틋했기 때문일 것이며, 화려한 장식은 예의와 정성을 다하고자 한 표현일 것이다.

상여 장식 가운데서도 가장 흥미를 끄는 것은 단연 꼭두다. 꼭두는 나무를 깎아 만든 인물이나 동물상을 일컫는데, 곡두 혹은 곡도에 어원을 두고 있다. 곡두는 현실에 없는 사람 또는 물건이 실제로 있는 것처럼 보이는 것, 즉 '환영'(幻影)을 뜻하는 순우리말이다. 다시 말해 꼭두는 현실과 환상이 결합한 몽환적 존재인 것이다.

상여 장식의 진면목을 보여주는 유물로는 산청 전주최씨 고령댁 상여(국립민속박물관 소장), 흥선대원군 이하응의 부친 남연군 이구(李球)의 남은들상여(국립고궁박물관 소장), 청풍 부원군 김우 상여(국립춘천박물관 소장) 등을 꼽을 수 있다. 이 가운데 장식의 다양성과 기교 면에서 단연 돋보이는 것은 전주 최씨 고령댁 상여다.

호랑이·사슴·거북·학·소나무·영지·연꽃·모란·매화 등 실존하는 동식물 꼭두와 함께 용·봉황·극락조·신선 등 초현실적 존재를 형상화한 꼭두들이 상여 외부를 장식하고 있다. 여인·남자·재인·동남·동녀·승려 등의 인물을 비롯하여 기호(騎虎)·기룡·기봉·기학처럼 인간과 동물을 결합한 형태의 꼭두들도 상여 장식에 대거 동원되었다. 이 상여 장식은 유교 사상이나 의식 체계와는 상관없는 원초적 풍속이며, 죽음에 대한 민중 의식과 지혜의 반영이다.

인간이 만든 모든 조형물은 그 시대의 관념과 삶의 양식을 증언한다. 이런 관점에서 상여의 꼭두 역시 예외가 아니다. 꼭두가 갖는 상징적 의미를 이해하기 위해서는 먼저 상여를 만들고 장식하며 활용한 당대 사람들의 사생관과 그들이 망자와의 관계를 어떻게 설정하고 있었는가에 대한 이해가 필요하다.

한국 문화의 원형질을 품고 있는 무교에서는 영혼 불멸

상여의 꼭두들, 안동시립박물관 소장

용·봉황 꼭두, 국립민속박물관 소장(위)
여인·남자·동녀·동자 꼭두, 국립중앙박물관 소장(아래)

기호선인 꼭두, 국립중앙박물관 소장(위)
기룡선인 꼭두, 국립해양박물관 소장(아래)

과 저승에 대한 관념을 기초로 죽음을 인식한다. 삶이 저승에서도 계속된다고 믿기 때문에 생전에 권세를 누리며 호사스럽게 살았던 사람은 저승에 가서도 그 같은 호사를 계속 누릴 수 있게 해주고, 가난하고 구차하게 살다 간 이에게는 저승일지라도 그곳에서 풍요로운 삶을 살 수 있게 했다. 망자를 향한 이 같은 배려와 위로와 소망이 상여 꼭두 장식 하나 하나에 투영되어 있다.

상여 꼭두들이 지닌 상징적 의미는 크게 ①호사·고귀, ②호위·시중, ③길상·풍요·평안·축원, ④위로·해학 등으로 나누어 볼 수 있다. 먼저 용과 봉황은 오랜 세월 동안 왕공 귀족의 전유물로 여겨진 상상의 길상 조수였기 때문에 자연스럽게 호사·고귀의 상징이 되었다. 상여 꼭두 가운데 가장 많은 수를 차지하는 것은 여인·남자·시녀·나인·동남·동녀 등의 인물 꼭두들이다. 이들은 대개 두 손을 앞으로 모아 포개어 공수(拱手) 자세로 서서 망자를 호위하거나 시중드는 자세를 취하고 있는데, 망자가 부와 권세를 누린 귀한 존재임을 드러내는 묘책이다.

꼭두 가운데는 유·불·선 합일의 경지를 보여주는, 신선·무사·동자가 용·호랑이·봉황·학을 탄 기룡(騎龍)·기호(騎虎)·기봉(騎鳳)·기학(騎鶴) 형태의 꼭두들이 있다. 선인이 용을 탄 선인기룡은 불교에서 용두관음보살이 용을 탄 것과 유사한 도교적 모티프다. 용두관음보살은 33관음의 하나로서

민간에서 신앙 대상으로 삼을 정도로 친근한 보살이다. 그리고 선인기호는 도교의 신선 사상과 연결돼 있다. 기봉선인의 '기봉'은 출중·권위·걸출·우아·부귀의 상징으로 인식된 형식이며, 위험이 행운으로 바뀌는 형국을 나타낼 때 흔히 쓰는 주제이기도 하다. 그리고 '기학'은

희광이 꼭두, 국립중앙박물관 소장

'기학상양주'(騎鶴上揚洲) 설화와 관련된 것으로, 재부와 권세를 누리며 신선 같이 사는 것을 의미한다. 한편, 극락조나 불로초처럼 초현실적 이미지를 형상화한 꼭두들은 저승을 자유롭고 평화로운 선계(仙界)로 그려내는 데 기여한다.

한편 닭 꼭두는 벽사와 길상이라는 복합적 의미를 지닌다. 닭은 『주역』 팔괘 중에서 '손'(巽)에 해당하며, 손 방위는 여명이 시작되는 남동쪽이다. 닭이 울면 여명이 밝아오고, 해가 떠 세상이 밝아지면 음습한 사귀들이 물러난다는 주술적 사고가 그 배경에 깔려 있다. 또한 희광이는 한장군놀이에서 얼굴에 검은 칠을 하고 패랭이를 쓴 채 칼이나 창을 들고 나서는 인물이다. 상여의 희광이 꼭두는 망자가 저승길을 갈 때 잡귀나 잡신을 쫓는 역할을 한다. 상여꾼들은 상여에 방울을

재인 꼭두, 국립민속박물관 소장

다는 것도 잊지 않는다. 방울의 금속성 소리가 잡귀를 쫓는 영력(靈力)을 갖고 있다고 믿기 때문이다. 이는 무당이 굿을 할 때 방울을 흔들어 금속성을 내는 것과 같은 맥락이다.

위로·해학과 관련된 것으로는 재인·광대 꼭두가 있다. 죽음은 슬픈 일이지만 호상(好喪)일 경우에는 그 죽음이 우주 자연의 질서에 자연스럽게 편입되어 영생을 누린다는 의미도 있으므로 슬퍼하기만 할 일은 아니다. 전라남도 진도에는 출상 전날 밤에 '다시라기'를 연행하는 풍습이 있다. '다시라기'는 인간의 죽음을 슬픔으로만 여기지 않고 축제로 승화시키는 가무극적인 연희다. 재인은 가무와 줄타기를 하고, 광대는 악기를 연주하고 기예를 펼친다. 이들은 죽음을 더 좋은

남은들 상여(복제), 충남 예산 남은들 보호각(위)
청풍 부원군 김우 상여, 국립춘천박물관 소장(아래)

곳으로 가는 여정의 시작으로 여겨, 눈물로 지새우기보다는 재주를 부리고 악기를 연주하고 노래를 부르며 저승길의 지루함과 무서움을 달래는 역할을 한다. 상례에 놀이와 축제를 벌이는 것은 죽음을 긍정하여 삶의 근원적 의미를 되새기려는 해학정신의 발로다. 재인·광대 꼭두는 바로 그러한 한국 특유의 해학정신이 낳은 몽환적 존재라 할 수 있다.

장송 의례 때 가무백희를 연행하는 풍습은 앞서 언급한 대로 고구려시대부터 존재해 왔으며, 그 전통은 조선시대 민간 계층에까지 이어졌다. 그러나 성리학을 생활철학으로 삼고 『주자가례』의 정신을 숭상했던 조선의 양반 사족들 사이에서는 이 가무백희 풍습이 논란의 대상이 되었다. 성종 때 일이다. 장례 시에 성악과 가무백희, 이른바 오시(娛尸: 시신을 즐겁게 함)를 행하는 삼남 지방의 풍속에 문제가 있다고 해서 이를 금지시키는 명이 내려졌다 「조선왕조실록」 성종 5년 1월 15일. 장례는 엄숙히 치러야 한다는 게 그 이유였다. 상여의 경우에는 화려함을 피하고 벽사 위주의 간소한 장식을 장려했다. 실제로 흥선대원군의 아버지 남연군 이구의 남은들 상여, 숙종의 외할아버지 청풍부원군 상여는 고령댁 상여에 비해 매우 소박한 편이다. 이는 상여 장식이 화려하냐 소박하냐 하는 것이 단지 경제력의 문제가 아니라, 장송에 임하는 태도와 의식에 달려 있음을 보여주는 좋은 예라 할 수 있다.

능역 조형물
선왕을 기리고 지키다

사람이나 짐승의 형상을 본떠 능역에 배치한 석물(石物)을 통칭하여 상설(象設)이라 한다. 상설은 왕공 귀족이나 고관이 묻힌 봉분과 신도(神道) 주변에 세워지는데, 종류로는 액막이 또는 진묘(鎭墓)의 뜻을 지닌 석호(石虎)와 석양(石羊), 능 주인의 생전 지위와 권위를 표하고 공적을 기리기 위한 말, 코끼리, 해치, 기린, 낙타 등의 석수, 문·무인석 등이 있다. 조선 왕릉의 석수를 포괄적으로 이해하려면 시대별 양식의 변화와 제작 장인(匠人)과의 관련성 등을 살펴봐야 할 것이다. 다만 이 장에서는 각 상설물이 지닌 상징성에 초점을 맞추고자 한다.

석수: 악귀를 조복시키고 능을 수호하다

우리나라의 왕릉 상설제도가 정착된 시기는 신라시대다. 성덕왕릉과 원성왕릉(괘릉)의 문·무석인과 석사자가 당대 왕릉 상석(象石)의 면모를 잘 보여준다. 석사자의 배후에는 불교적 상징 세계가 펼쳐져 있다. 불교에서는 부처와 그의 설법을 백수(百獸)의 왕인 사자와 사자후(獅子吼)에 비유한다. 대승불교 논서인 『대지도론』(大智度論)에서는, "사자는 네발 달린 짐승 가운데 뛰어난 존재로서 두려움이 없고 일체를 능히 조

원성왕릉 석사자(위), 성덕왕릉 석사자(가운데)
공민왕 현릉의 석호·석양, KBS 영상 자료(아래)

복(調伏)시킨다. 부처님도 이와 같아서 96종 외도(外道) 가운데 일체를 항복시키므로 인사자(人獅子)라 한다"라고 쓰고 있다. 부처님 설법을 '사자후'라고 한 것은, 불법을 전하는 부처님 목소리가 불자들에게는 깨달음의 소리로 들리지만, 악귀들에게는 마치 사자가 포효하듯 무섭고 두렵게 들린다는 것에서 연유한다. 불교를 국교로 삼았던 신라 왕실이 사자를 상설물로 택한 것은 선왕의 위엄을 드높이고 그를 해치는 악귀를 조복시키기 위함이었다.

한편, 고려 왕릉의 상설제도는 고려 말 공민왕과 노국대장공주의 무덤인 현·정릉(玄正陵)에서 그 실상을 엿볼 수 있다. 이 무덤에서는 불교적 의미를 지닌 석사자가 사라지고 그 대신 석호와 석양이 등장한다. 봉분 주변에는 석호 4구와 석양 2구가, 바깥쪽 앞뒤 모퉁이에 석호 1구, 두 무덤 사이 앞과 뒤편에 석양 1구가 배치되어 있다. 조선 왕릉에서 흔히 볼 수 있는 석마는 아직 보이지 않고 있다.

왕릉은 단지 왕의 시신을 묻는 장소에 그치지 않는다. 해마다 왕이라는 조상신에게 제사를 올리는 성역이기도 하기 때문이다. 성역의 중심에는 봉분이 있고, 그 둘레에는 석호, 석양, 석마, 문·무석인, 석등, 망부석이 상설돼 있다. 이 가운데 석호는 봉분을 등진 자세로 앉아 정면을 주시하는 모습인데, 이는 석호가 벽사상임을 암시한다. 한나라 응소(應劭)는 『풍속통의』(風俗通義)에서 천택(川澤)에 사는 망상이라는 귀

세조 광릉의 석호, 그 뒤쪽으로 석양·석마가 보인다.(위)
목릉의 석양(아래)

신이 호랑이를 두려워하기 때문에 석호를 세운다고 설명하고 있다. 또한 대인호변(大人虎變)이라는 말이 있듯이, 호랑이는 자기 혁신을 통해 사회 개혁에 앞장서는 대인(大人)에 비유되기도 한다. 호랑이가 가진 이러한 상징적 의미를 종합해 볼 때 봉분 주변에 석호를 배치한 뜻은, 망상을 비롯한 사귀(邪鬼)들로부터 광중의 왕을 수호하고 동시에 왕의 권위와 위용을 드러내기 위한 것임을 알게 된다.

옛사람들에게 양은 어떤 동물이었을까? 중국 전한의 사상가 동중서는 그의 저서 『춘추번로』(春秋繁露)에서 양의 성격과 습성을 인·의·예 등 유교의 윤리적 덕목과 관련지어 이렇게 풀이했다.

> 양은 뿔이 있으면서도 함부로 들이받지 않고, 모든 것을 갖추고 있으면서도 그것을 함부로 쓰지 않으니, 인(仁)을 중시하는 사람과 같다. 잡혀도 소리 지르지 않고 죽여도 울지 않으니, 죽음으로써 의(義)를 지키는 사람과 같다. 어미 젖을 먹을 때는 반드시 무릎 꿇고 받아먹으니, 예(禮)를 아는 사람과 같다.

중국 최초의 신선 설화집이자 전기집인 『열선전』(列仙傳)에는 다음과 같은 이야기가 전한다.

기양선인상(騎羊仙人像), 중국 서주 한화상석예술관 소장

기양자(騎羊子)라 불리는 선인 갈유(葛由)가 어느 날 양을 타고 서촉(西蜀)으로 들어오니, 촉 땅의 왕후 귀인들이 그를 따라 아미산 서남쪽의 수산으로 올라갔다. 그를 따라간 사람들은 다시는 돌아오지 않았는데, 그것은 모두가 신선이 되는 방법을 터득했기 때문이다.

한편, 조선 중기의 문신 유몽인(柳夢寅, 1559~1623)은 『어우집』 「유두류산록」(游頭流山錄)에서 두류산을 유람할 때 산 정상에 산양이 한가롭게 누워있는 것을 본 감회를 이렇게 피력했다.

무덤 입구 문설주의 양두 벽사상, 중국 서주 한화상석예술관 소장

비파와 장적(長笛) 소리를 듣고서도 귀를 기울이며 서성이고, 사람을 보고도 피하지 않네. 아! 금화산(金華山)의 신선이 기르던 짐승이 흰 구름 속에서 몇 해 동안 한가로이 잠자다가 감히 여기에서 느닷없이 나로 하여금 기양자(騎羊子)를 배우게 하려는 것인가.

여기서 기양자는 앞서 말한 갈유(葛由)라는 신선이다. 기양자가 양을 탄 모습을 형상화한 조각상이 중국 서주의 한화상석예술관에 소장되어 있다. 이곳에는 한묘(漢墓)에서 출토된 묘문(墓門)도 함께 전시되어 있는데, 석문 위쪽 중앙에 양의 머리가 새겨져 있다. 정면을 향한 모습으로 표현된 점으로

곽거병 묘의 마답흉노석상(馬踏匈奴石像)

봐서, 진묘수 성격을 지닌 것으로 판단된다.

양은 또한 묘사(廟社)에 제물로 바쳐지는 희생물로서 천지 간의 교통을 돕는 존재로 인식된 동물이기도 하다. 이상의 내용을 종합하면, 양은 신선의 반려이자 탈것, 인·의·예의 덕목을 갖추었으며, 천지 교통의 의미와 함께 벽사의 능력을 갖춘 동물이라고 할 수 있다. 왕릉의 봉분 주위에 석양을 배치한 것은 이런 양의 상징적 의미가 죽은 왕을 수호하고 왕의 위의를 높이는 뜻에 부합하기 때문이다.

능묘 상설제도 역사에서 석마는 중국 전한(前漢) 무제 때의 무장 곽거병의 묘에서 처음 등장했다. 묘 앞에 흉노 병사를 짓밟고 선 말을 형상화한 '마답흉노석상'(馬踏匈奴石像)이

세조 광릉의 석마(위)
순종 유릉의 동물 석상과 문무석(아래)

세워져 있는데, 이 석상을 세운 뜻은 흉노 토벌에 큰 공을 세운 영웅 곽거병을 찬양하고 그의 위대한 행적을 기리기 위해서였다.

　조선 왕릉의 석마는 봉분을 등진 자세로 앉은 석호나 석양과는 달리, 봉분 앞 넓은 공간 좌우에 늘어선 문·무인석과 한 무리를 이루고 있다. 서 있는 위치와 양쪽에서 서로 마주보는 자세로 봐서 벽사상으로 단언하기는 어렵다. 벽사적 의미보다 선왕의 공적을 기리고 왕릉의 위엄과 격식을 갖추기 위해 조성된 것으로 보는 것이 타당하다. 대한제국 시대에 조성된 홍릉(고종과 명성황후의 능)과 유릉(순종과 그의 부인 순명효황후·순정효황후의 능)의 상석을 보면 말과 함께 코끼리, 해치, 낙타, 기린 등 길상적 의미를 지닌 동물상들이 대거 등장한다. 이들은 혼령이 다니는 길인 어로(御路) 양쪽에 일렬로 서서 중앙을 주시하는 자세를 취하고 있다. 이는 상석들이 벽사보다는 황제릉의 격식과 위엄을 갖추기 위한 것임을 보여준다. 왕릉의 동물 석상이 지닌 상징적 의미를 종합하면 조복(調伏), 수호, 벽사, 권위, 위의(威儀), 길상, 찬사 등의 단어로 요약할 수 있다.

문·무인석: 시립(侍立)하여 능주를 수호하다
앞서 살펴본 바와 같이 왕을 비롯한 최상위 계층의 능역(陵域)에 문·무인석을 배치하는 제도는 신라시대부터 있어 왔

원성왕릉 문·무인석, 신라(위)
헌릉 문·무인석, 조선(아래)

다. 문인석과 무인석은 각각 문관과 무관을 상징하는 상석으로, 이를 능원 영역에 세운 목적은 보필·시립·수호의 형국을 조성하여 능주(陵主)의 권위와 위엄을 강조하려는 데 있다.

조선시대에는 국가적 능침 제도가 확립되면서 문인석은 관복 차림의 모자와 장신구로 치장한 관패지상(冠佩之象)으로, 무인석은 투구를 쓰고 갑옷을 입은 개갑지상(介甲之象)으로 정착되었다. 두 상석은 나란히 세우되, 문인석은 안쪽(봉분과 가까운 쪽)에, 무인석은 그 바깥쪽에 세우는 것을 원칙으로 했다. 이는 직(職)에 차등을 두기 위함이 아니라 원래 내향적인 문(文)과 외향적인 무(武)의 이치를 따른 배치이다.

왕릉 문·무인석의 기원은 어디에 두고 있을까? 조선 고종 때 『승정원일기』에 기록된 다음 내용을 볼 때, 중국 진시황 시기의 장수인 완옹중(完翁仲) 이야기에서 그 기원을 찾을 수 있을 것으로 생각된다.

> 상(고종)이 이르기를, '쇠로 만든 사람[金人]을 옹중이라고 부르는가?' 하니, 김세균이 아뢰기를, "진시황 때 완옹중이라는 자가 있었습니다. 키가 1장 3척이고 지혜와 용기가 범상치 않아 그에게 군사를 거느리고 임조(臨洮: 감숙성의 현)를 지키게 했는데, 그 명성이 흉노에까지 퍼졌습니다. 쇠로 만든 사람을 옹중이라고 부르는 것은 흉노에게 두려움을 주려는 의도이고, 그 수를 열둘로 한 것은

『전통 미술의 상징 코드』 | 상징으로 읽는 옛사람들의 마음 | 허균 지음

호랑이와 까치
나쁜 기운을 물리치고 복을 불러들이는 우리 옛 그림

〈호작도〉(鵲虎圖), 조선, 국립중앙박물관 소장

당시에 대인(大人) 12명이 임조에 나타났으므로 그 숫자를 따라 상을 만들었기 때문입니다. 『승정원일기』 고종 2년(1865) 11월 10일

호석의 십이지신상: 시공(時空) 일체의 방위신

십이지는 동양 천문학에서 시각과 방위를 나타내는 일종의 문자 부호이다. 여기에 쥐·소·호랑이·토끼 등 12종의 동물을 대응시킨 것이 십이생초(十二生肖)다. 왕릉에서 주로 볼 수 있는 것은 수수인신(獸首人身) 혹은 수관인신(獸冠人身)의 형상이며, 복장은 장포를 입은 형식과 갑옷을 입고 무장한 형식의 두 종류가 있다. 이 가운데 갑주 무장상은 십이생초를 방위신 개념으로 해석한 것임을 보여준다. 장포를 입은 수수인신 형식은 신라시대부터 조성되기 시작했다. 대표적인 유례로는 성덕왕릉과 김유신장군묘를 비롯하여 구정동 방형분, 원성왕릉, 경덕왕릉, 헌덕왕릉, 흥덕왕릉, 진덕여왕릉 등의 십이지신상이 있다.

고려시대에는 앞 시기에 성행했던 갑주 무장 수수인신형이 사라지고, 동물 장식 관모를 쓴 문관복 차림의 수관인신형이 주류를 이루게 된다. 고려 태조의 현릉(顯陵)에서 볼 수 있듯이 고려 초기 왕릉 호석의 수수인신형 십이지신상은 통일신라시대 왕릉의 것보다 조각 기술과 미적 표현 능력에서 현저한 열세를 보인다. 그 이후에는 채운(彩雲) 속의 수관인신

성덕왕릉의 유(닭) 십이지상(1), 구정동방형분의 인(호랑이) 십이지상(2)
원성왕릉(괘릉) 유(닭) 십이지상(3), 김유신묘의 진(용)십이지상(4)

고려 태조 현릉의 십이지신상, 말(좌)·뱀(우), 조선고적도보 게재

형 십이지신상이 대세를 이루며, 고려의 십이지신 미술은 고려 말 공민왕과 노국대장공주의 현정릉에서 꽃을 피운다. 장포 수관인신 형식은 고려 고분 내부의 벽화로 한때 나타났다가, 조선시대에 이르러 능원 봉분 호석에 부조 형태로 등장하기 시작한다.

    여기서 주목할 것은 십이지신상의 배치 위치가 애초에 십이지에 부여된 방위와 일치한다는 점이다. 그렇다면 십이지신상의 위치를 실제 방위에 맞추어 배치한 이유는 무엇일까. 동아시아 전통의 공간 분할의 기본 축은 동·서·남·북·중심·상하이다. 중국과 우리나라에서는 하도(河圖)·낙서(洛書) 이래로 남쪽을 정면으로 삼았다. 임금이 백성을 다스릴 때 남면(南面)하는 것을 원칙으로 삼았고, 궁궐을 조성할 때도 이

태조 건원릉 호석(위)
건원릉 호석의 수관인신형 십이지신상(쥐)(아래)

원칙은 유효했다.

   왕릉을 조성할 때도 마찬가지다. 무덤의 남쪽, 즉 정면은 무덤 중심에 누운 피장자를 기준으로 설정했다. 정면뿐만 아니라 무덤 둘레의 모든 지점에 대한 방위 역시 피장자를 중심으로 삼아 결정되었다. 무덤 중심, 즉 능주를 중심으로 하는 이러한 방위 체계와 십이지신상 배치는 결국 왕의 위대함을 시각적으로 드러내는 장치이고, 왕으로부터 비롯된 사방과 상하는 곧 왕이 관장하는 통일된 세계를 상징하게 된다.

   십이지는 서두에서 말한 것처럼 공간 개념과 시간 개념을 동시에 가지고 있다. 시공(時空)의 합체를 우주라고 할 때 십이지로 둘러싸인 봉분은 우주 모형의 성격을 띠게 된다. 다른 한편으로 십이지는 길흉화복의 운수를 점치거나, 집터와 무덤 자리를 정할 때 지형의 길흉을 분간하는 풍수설(風水說)에 이용되기도 하고, 각 방위를 지키는 방위신의 역할도 한다. 그래서 십이지신상을 새긴 호석으로 봉분을 둘러싼 것은 결국 왕이 사후에도 생전처럼 세계의 중심에 군림하기를 바라는 충정, 그리고 유택을 안전하게 수호하려는 의지에서 나온 것으로 볼 수 있다.

상석의 귀면: 악귀의 범접을 막다

상석(床石)은 제물을 차리기 위해 무덤 앞에 설치한 돌상이다. 이 상석을 받치는 네 개의 고석(鼓石)마다 귀면, 즉 귀신

세조 광릉의 귀면(1), 익종 수릉의 귀면(2)
중종 정릉의 귀면(3), 예종 창릉의 귀면(4)

얼굴이 새겨져 있다. 그렇다면 귀신은 무엇인가? 선한 존재인가, 아니면 악한 존재인가? 이 물음에 대해 명확하게 답하기는 쉽지 않다. 왜냐하면 귀신은 그 본체가 은미(隱微)해서 실제로 보거나 겪어 볼 수 있는 대상이 아니기 때문이다. 그러나 우리가 통상 사용하는 '귀'라는 단어 속에 그 정체가 은근히 드러나 있다.

'귀신도 모른다', '귀신조차 넘보지 못한다', '귀신처럼 맞춘다'라는 표현에서 귀신은 전지전능한 존재이다. '귀신이 도왔다'라고 했을 때의 귀신은 수호자가 된다. '귀신이 울고 간다'라고 할 경우의 귀신은 감성적 존재이고, '귀신 나오겠다'라고 할 때의 귀신은 어지럽고 음습한 곳에 사는 사악한 존재가 된다. 또 어떤 사람이 나쁜 행동을 했을 때 '귀신처럼 군다'라고 말했다면 이 귀신은 해를 끼치는 사납고 악독한 존재가 된다. '귀신을 쫓는다'라는 말에서 귀신은 쫓아야 할 대상이다. 그런데 그 귀신을 쫓는 일도 다른 귀신이 한다. 이처럼 귀신에 관한 한 선과 악이 공존하는 정사이원론(正邪二元論)이 자연스럽게 깃들어 있다.

중국 송나라의 고승(高丞)이 편찬한 『사물기원』의 「기두」(魌頭) 조에 "눈이 네 개인 것을 방상시라 하고, 눈이 두 개인 것을 기두라 한다"라는 기록이 있다. 조선시대 섣달그믐날에 묵은해의 마귀와 사악한 귀신을 쫓아내려고 궁중에서 베푼 나례 의식에서 쓰던 두 눈 달린 귀신 탈을 기두라 하는데 고석에 새겨진 귀면 역시 눈이 두 개이므로 기두류에 속한다고 하겠다. 사람들은 고석에 기두를 새겨 놓으면 요사스럽고 악독한 기운과 잡귀들이 그 주술적 힘에 눌려 상석에 범접하지 못한다고 믿었다. 능역을 청정하고 상서로운 공간으로 만들려는 산 사람들의 의지와 사상이 상석에 귀면을 새기는 동인(動因)이 된 것이다.

망주석: 무덤의 이정표

상석 좌우에 세운 한 쌍의 팔각 돌기둥을 '망주석'(望柱石)이라 한다. 이 석물은 망두석(望頭石), 망주석표(望柱石表), 화표주(華表柱)라고도 불리는데, 그 기원을 중국 고대의 비방지목(誹謗之木)에서 찾을 수 있다. 상고시대 요임금은 자신의 잘못을 간할 수 있도록 북을 설치했고, 순임금은 임금의 잘못과 정치의 그릇됨을 써 붙일 수 있도록 나무 기둥을 세웠는데, '순임금의 기둥'이 망주석의 기원이라는 설이 있다 『백사집』 별집 권 3 「鄭經世上疏指斥先朝拿鞫議」. 이와 결부시켜 지위가 높은 사람이 묻힌 신성한 장소임을 알리는 표식이라는 해석도 있다. 그런가 하면 풍수지리와 관련된 것이라는 설도 있다.

명당수가 빠져나가는 근처 목에 바위, 언덕, 흙무더기, 돌무더기 같은 것이 길사(吉砂)의 격을 갖춘 것을 '수구막'이라고 한다. 이것이 있으면 직류(直流)를 일단 멈추게 하여 명당의 기운과 생기를 보전한다는 것인데, 망주석도 이러한 역할

인릉의 망주석(위)
인릉 망주석의 세호. 상승(아래 왼쪽, 동쪽), 하강(아래 오른쪽, 서쪽)

을 한다는 것이다.

　망주석을 자세히 살펴보면 세호(細虎)라 불리는 작은 동물이 왼쪽(동쪽) 망주석에는 올라가는 모습으로, 오른쪽(서쪽) 망주석에는 내려오는 모습으로 조각된 것을 볼 수 있다. 이 모습은 『홍재전서』 「천원사실」(遷園事實)의 상설제삼(象設第三) 항목에 나오는 "작주 각면내면 조세호 좌주승 우주강"(作柱 各面內面 雕細虎 左柱陞 右柱降)이라는 내용과 일치한다. 세호를 좌상승·우하강 형태로 조각한 것은, 양기는 북돋우고 음기는 누른다는 의미다.

장명등: 꺼지지 않는 등불

『사기』 「진시황 본기」에 "인어 기름으로 등불을 밝혀 영원히 꺼지지 않게 했다"[以人魚膏爲燈 度不灰者求久之]라는 기사가 보인다. 진시황릉 내부 장엄에 관한 내용으로, 영원히 꺼지지 않는 등불로 명계를 밝혀 망자가 영생을 누리도록 했다는 의미다. 백제 무령왕릉을 발굴 조사하는 과정에서 내벽에 설치된 등감(燈龕: 등잔을 놓기 위해 벽의 한 부분

고려 공민왕 현릉의 장명등, 국립중앙박물관 소장 사진

을 파서 만든 자리)에서 연기에 그을린 자국이 발견되었다. 이것은 현실(玄室)을 등잔불로 밝혔다는 확실한 증거다. 당시에 켜둔 등잔불은 무덤 문을 닫은 후에 산소 부족으로 꺼졌을 것이 분명하지만, 실제가 어떻든 그 등잔불이 무덤을 영원히 밝혀 줄 것으로 믿는 백제인 같은 사람들이 있는 한, 그것은 영원히 꺼지지 않는 장명등으로 존재하게 된다.

현존하는 장명등 가운데 가장 오래된 것을 꼽는다면 고려 공민왕 현릉(玄陵)의 장명등이 될 것이다. 이 장명등은 하대·중대·상대의 세 부분으로 구성된 대좌 위에 화사석(火舍石)을 올려놓은 형태로 되어 있다. 화사석은 네모 형태의 돌에 화창(火窓)을 뚫어 빛이 사방에 비치도록 해놓았다. 조선시대에 장명등은 능묘 상설물 가운데서 중요한 위치를 차지했다. 하지만 왕릉 또는 일품 이상의 벼슬을 하지 아니한 사람의 능역에는 장명등을 설치할 수가 없었다.

감모여재도
조상 신이 머무는 곳

윤리문자도가 유교의 세계관과 윤리관을 드러낸 길상화라면, 감모여재도는 조상 숭배 사상과 직결된 그림이다. 사당도, 가당도(家堂圖), 추원감시도(追遠感時圖) 등으로도 불린 이 그림

구미 여한 종택 사당 내삼문의 '여재문'(如在門) 편액

은 제사용 의물(儀物) 성격이 강하다.

제사는 효행의 연장선에 있으므로, 제사를 올릴 때도 선망 부모가 살아 계신 것처럼, 지금 이 자리에 함께 계시는 것처럼 대하며 공양해야 한다고 유교에서는 가르친다. 『논어』에서는 "제사를 지낼 때는 조상이 계신 듯이 하고, 신을 제사 지낼 때는 신이 계신 듯이 한다"[祭如在 祭神如神在]라고 했고, 『중용장구』(中庸章句)에서는 "제사를 지낼 때면 (혼령이) 양양히 그 위에 있는 듯도 하고 좌우에 있는 듯도 하다"[承祭祀 洋洋乎如在其上 如在其左右]라고 하였다. 모두 제사 지낼 때 조상을 생시에 대하듯이 해야 한다는 것을 강조한 말이다. 오늘날 일부 사당에서 볼 수 있는 '여재합'(如在閤), '여재문'(如在門)이라는 편액은 유교 성현들의 말씀을 표현한 것이며, 감모여재도라는 이름 또한 이와 뿌리를 같이 한다.

감모여재도는 사당이나 제사상을 대신하는 기능을 한다는 점에서 실용적인 그림이라 할 수 있다. 그림의 모든 요소가 일정한 상징체계로 결합되어 있기 때문에 표현에 생략이

〈감모여재도〉, 가회박물관 소장

〈감모여재도〉, 국립민속박물관 소장

〈추원감시도〉, 충주박물관 소장

많고, 표현이 서툴거나 간소하다. 그렇지만 효심을 공유한 자손들은 그 속에서 모든 의미를 읽어내고 선망 부모가 실제로 임하고 있다고 여기는 것이다.

감모여재도가 지닌 가장 중요한 의미는 제사 공간을 설정한다는 데 있다. 유교의 조상 제사는 특정 공간에서 행하는 것을 원칙으로 삼는다. 대표적인 것이 종묘와 사당이며, 때로 정침이나 묘소도 제사 공간의 역할을 한다. 조상의 혼백은 무형의 존재이기 때문에 현실감 있게 체감하기 어렵다. 이에 따라 혼백의 거처로 사당을 짓고 위패와 지방(紙榜) 같은 의물(儀物)을 만들어 이를 가시화하는 것이다. 감모여재도에는 족자형과 병풍형이 있는데, 어떤 형식이든 그것을 펼친 곳이 사당이 되고 조령(祖靈)의 거소가 된다. 감모여재도 중심에 그려놓은 신감(神龕)과 지방(紙榜)은 조상 혼령의 의지처가 되는 핵심 부분이다.

제사 절차 중 하나로 축문(祝文)이 있다. 축문은 제주가 제사를 받는 조상께 제사를 올리는 이유, 심정, 준비한 제사 음식 등을 고하는 절차다. 아버지의 제사일 경우에는 축문에 "은덕을 갚고자 하나 저 하늘처럼 끝이 없어 다 갚을 수가 없습니다"[欲報其德 昊天罔極]라고 쓰며, 그 이상의 선조일 경우 "그리운 마음을 금할 길이 없습니다"[不勝永慕]라는 말로 존경의 마음을 전한다. 축문에 '감모'(感慕)라는 말과 함께 '추원감시'(追遠感時)라는 표현을 자주 쓰는데, 이는 '추모하는 마음이 때마다 일어난다', '세월이 흐를수록 더욱 생각난다'라는 뜻이다. 충주박물관이 소장한 〈추원감시도〉에서 이 말을 인용한 예를 찾아볼 수 있다. '추감세시'(追感歲時)라는 표현도 있는데, 이는 흠모의 정이 지극함을 나타낸 말이다.

조상 제사에는 여러 종류가 있다. 돌아가신 날에 지내는 기제(忌祭), 설날·단오·추석에 가묘에서 지내거나 음력 10월에 5대 이상의 조상 무덤에서 지내는 시제(時祭), 그리고 자손들이 돌아가면서 지내는 윤회봉사(輪廻奉祀) 등이 그것이다. 공자가 "내가 제사에 참여하지 않으면 마치 제사 지내지 않은 것과 같다"[吾不與祭, 如不祭]라고 하며 제사 참여를 강조했듯이, 같은 부모를 모신 자식으로서 각종 제사에 참여하는 것은 당연한 도리로 여겨졌다. 제사에 참여하지 않는 것은 불효자라는 손가락질과 함께 그에 따른 회한을 남기게 되므로 결코 간단한 일이 아니었다.

조선 중기의 문신 강홍중(姜弘重, 1577~1642)은 통신부사로 일본에 갔을 때 부친 제사에 참여하지 못하는 심정을 이렇게 피력했다.

> 요사이 선인(先人)께서 꿈에 매우 분명하게 나타나는데 간밤에는 더욱 뚜렷하였으니, 이는 오늘이 기고(忌故)인데 불초한 몸이 해외에 멀리 나와 제사에 참여하지 못하기 때문이 아니겠는가? 다른 나라에 와서 또 이날을 만나

종신(終身)의 슬픔을 펼 곳이 없으니, 심회가 망극하여 저절로 눈물이 흘러내렸다.

조선 중기의 문신 김집(金集, 1574~1656)은 나이가 많아 제사에 적극적으로 참여하지 못하는 심정을 이렇게 밝혔다.

저는 나이 80세가 넘고 근력이 이미 다해 몸을 마음대로 폈다 굽히기를 못 하고 절도 못 하여 신알(晨謁:아침 일찍 집 안에 모신 사당에 문안함)에도 묘제에도 참여하지 못하고 사당의 크고 작은 제사에도 참여하지 못할 때가 많습니다. 비록 혹시 제사에 참여해도 힘이 미치지 못해 신위 앞에서 부복만 하고 집사자로 하여금 대신 제례를 행하게 하고 있는데, 그것이 비록 예에는 없는 일이나 전혀 제사에 참여하지 않은 것보다는 나을 듯싶습니다. 앞으로는 그렇게라도 하여 추원(追遠)의 정을 조금이나마 펴볼까 하여 삼가 고하나이다. 『신독재전서』 연보 하, 을미년(1655), 선생 82세

공무로 외지에 나와 있거나 몸이 아프거나 쇠하여 제사에 참여하지 못할 때 제물을 보내 경모의 정을 표하고 심적인 부담을 덜기도 했다. 조선 후기의 문신 신익전(申翊全, 1605~1660)은 혹 지방에 있어 제사에 참석하지 못할 때면 영위(靈位)를 설치하여 곡하고 마치 돌아가신 분을 뵈는 듯이 했는

데 늙어서도 변함이 없었다고 한 기록이 전한다 『동강유집』 권17 부록1. 또한 조선 후기의 학자 이상정(李象靖, 1710~1781)은 먼 지방에서 벼슬살이를 하고 있을 때 반드시 영위를 마련하고 자신이 머무는 곳에서 제사를 지냈다고 한다 『대산집』 권16 서(書).

제사는 한 집안의 장자가 주재하는 것이 원칙이다. 제사를 주관하는 일은 장자의 의무이자 특권이기도 하므로, 장자가 아닌 사람이 단지 먼 곳에 있어 참여하기 어렵다는 이유로 따로 제사상을 차려놓고 제사 지내는 것은 바람직하지 않다. 그렇지만 추원의 정을 억누를 길이 없을 때는 자신이 머무는 곳에 영위나 신감을 설치하고 경모(景慕)의 마음을 붙인 것이다. 감모여재도를 실제로 사용했다는 기록은 찾지 못했지만, 타향의 거처에 영위를 설치하고 제사에 참여하는 형식을 취한 사례가 많았던 것을 볼 때, 신감과 지방이 그려진 감모여재도를 펼쳐 자신의 거처를 제사 공간으로 상징화하고, 제사에 참여하는 형식을 취한 사례도 있었을 것으로 추측된다.

불교의 장송 미술
극락왕생과 무상·무아를 표상하다

감로왕도

감로왕도는 불교 승려의 주도로 진행되는 사십구재(망자를

영천 은해사 백흥암 〈감로왕도〉

상주 남장사 〈감로왕도〉의 범패 연희 장면

극락으로 인도하는 불교식 장송 의례) 때 그 의미가 특별히 강조되는 불화다. 통속 불교에서는 마음을 가진 중생, 즉 유정(有情)이 윤회하는 한 생애를 생유(生有)·본유(本有)·사유(死有)·중유(中有)의 네 단계로 나눈다. 사람이 세상에 최초로 존재하는 상태를 생유, 태어나서 죽기까지의 생애를 본유, 죽는 찰나를 사유, 죽은 후 다음 세상에 태어날 때까지를 중유라 한다. 사십구재는 이 중유에서 떠도는 무주고혼(無主孤魂)을 극락으로 천도(薦度)하는 의례다. 중유는 내세가 결정되는 중요한 시간이기 때문에 유족들은 정성껏 천도재를 베풀어 망자의 혼이 극락왕생하기를 비는 것이다. 사십구재 의례 절차 중에서 가장 중요한 부분을 차지하는 것 중 하나가 범패 연행이다. 범패승이 연행하는 가무(歌舞)가 진행됨에 따라 분위기가 고조되고 그에 따라 망자의 극락왕생을 염원하는 산 사람들의 기대와 열망은 최고조에 이르게 된다.

감로왕도를 보면 과거·현재·미래, 즉 삼세(三世)의 모습이 하·중·상단에 각각 그려져 있다. 하단에는 생전에 겪었거나 겪을 수 있는 환란과 업(業)을 짓는 장면이, 중단에는 범패승들이 재에 참여한 많은 사람과 함께 북·나팔·바라 등 각종 악기를 연주하면서 춤추는 광경이, 상단에는 극락에서 망자를 영접하는 아미타여래, 인로왕보살, 관세음보살, 지장보살 등 불·보살들이 그려진다.

오륜탑: 육신을 우주로 돌려보내다

불교 미술 중에서 승려의 죽음과 직접 관련된 조형물이 바로 부도(浮屠)다. 9세기 무렵 당나라로부터 들어온 선종(禪宗)이 크게 세력을 떨칠 때 선문(禪門)의 제자들이 스승을 예배 대상으로 삼으면서 스승의 사리와 유골을 안치하는 부도를 조성하기 시작했다. 부도는 일종의 묘탑(廟塔)으로, 규모가 크고 화려한 장식을 가한 것도 있지만 범승(凡僧)의 부도는 대개 간결하고 소박한 형태로 되어 있다. 탑신이 계란형인 난형(卵形) 부도가 주류를 이루었는데, 그 형태는 밀교의 오륜탑과 유사하다.

석가모니불이 열두 보살과 문답하는 대목 가운데 다음과 같은 구절이 전한다.

보은 법주사 학조등곡화상탑

나의 지금에 이 몸은 사대(四大)로 화합한 것이다. 머리카락·털·손발톱·치아·가죽·살·힘줄·뼈·골수·골 등 몸뚱이는 모두 흙으로 돌아가고, 침·콧물·고름·피·진액·점액·가래·눈물·정기(精氣)·대소변은 다 물로 돌아가고, 따뜻한 기운은 불로 돌아가고, 움직이는 작용은 바람으로 돌아간다. 사대가 각각 분리되면 지금의 허망한 몸은 어디에 있겠는가? 곧 알라, 이 몸이 필경 실체가 없거늘 화합해서 형상이 이루어진 것이 진실로 환(幻)이요 허깨비와 같도다. 『원각경』「보안보살장」(普眼菩薩章)

사대(四大)란 지·수·화·풍의 네 가지 요소를 가리킨다.

강진 백련사 원묘국사중진탑(왼쪽), 일본 교토 이총 정상의 오륜탑(오른쪽)

그런데 왜 사대라고 했을까? 이유는 지·수·화·풍 이 네 가지가 모든 물질에 널리 존재하여 물질을 구성하고 생성하는 큰 요소이기 때문이다. 사대에다 공(空)을 더해 오대(五大) 또는 오륜(五輪) 개념 성립되었다. 여기서 윤(輪)은 다섯 원소가 서로 어긋남 없이 조화를 이루는 완전한 구조를 의미한다. 다섯 가지 원소, 즉 지·수·화·풍·공의 기하학적 상징형이 각각 방형(方形)·원구형(圓球形)·삼각형·반원형·보주형(寶珠形)이다. 이 형상을 조합해 만든 것이 오륜탑인데, 일본 교토에 있는 이총(耳塚)의 정상부에서 그 완전한 형태를 확인할 수 있다. 우리나라에서는 강진 백련사의 원묘국사중진탑과 경주 골굴사에서 최근에 조성한 오륜탑에서 그 도상적 특징을 살필 수 있다.

우리나라 부도의 대부분을 차지하는 오륜탑은 기단석 위에 달걀 모양의 탑신석을 얹고 그 위에 옥개석, 앙련, 연봉을 순서대로 올린 형식이다. 이 구조를 기하학적 형태로 단순화시키면, 기단은 사각형(때로 팔각형), 탑신은 원형, 옥개석은 삼각형, 그 위의 앙련은

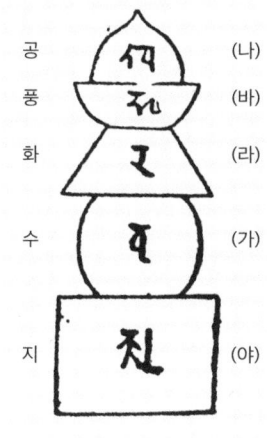

오륜탑 개념도

반원형, 그리고 꼭대기에 올려놓은 연봉은 보주형이 된다. 이 각각의 형상은 오대(五大), 즉 우주에 널리 존재하여 물질을 구성하고 생성하는 지·수·화·풍·공의 다섯 가지 큰 요소를 상징한다.

만물은 태어나서 한때 번영을 누리지만 이윽고 근원으로 돌아간다. 인간의 육체라는 것도 당초에 우주의 근원적 요소인 오대가 합성된 것이고, 그 합성으로 만들어진 육체는 때가 되면 다시 각 원소로 분해되어 우주로 환원된다. 오륜탑은 우주의 다섯 가지 구성요소의 변전(變轉)을 기하학적 상징형으로 표상하여, 인간 생사의 무상(無常)함을 드러내고 있다.

3

방위와 향방에 질서를 담다

삶을 둘러싼 공간의 미술

방위란 '방'(方)과 '위'(位)가 결합된 말로, '方'은 동·서·남·북, '位'는 상·하, 좌·우, 내·외를 가리킨다. 방위가 어떤 지점이나 방향이 하나의 기준점에 대해 설정되는 위치 개념인 반면, 향배는 대상이 어느 방향을 향해 나아가는 방향성 그 자체를 의미한다.

　동양에는 일찍부터 동·서·남·북에 중앙을 더한 오방(五方) 개념이 있었다. 오방에 역리(易理)와 음양오행설이 결합되면서, 각 방위와 향배는 일정한 상징체계와 차별적 의미를 갖게 되었다. 이러한 방위와 향배의 상징성은 예절 관련 제도에서는 상·하, 전·후, 좌·우와 내·외 질서 구축의 기준이 되었고, 건축·조각·공예 등 조형미술 분야에서는 공간 배치와 향배의 기본 원리가 되었다.

　태조 이성계는 한양에 조선의 국도(國都)를 설계할 때 도성의 동쪽에 종묘를, 서쪽에 사직단을 설치했다. 정궁인 경복궁을 창건할 때는 북을 등지고 남을 바라보는 배북향남(背北向南)을 방위의 기본 틀로 삼고, 침전·편전·정전·오문(午門)〔지금의 광화문〕을 자오선 상에 일렬로 배치했다. 그리고 왕세자의 처소는 정전인 근정전의 동쪽에 두었고 동궁(東宮), 춘궁(春宮), 또는 청궁(靑宮)이라 불렸다. 정전 앞마당에 품계석을 설치할 때는 동편에 문반, 서편에 무반 품계석을 벌여 세웠으며, 동·서 궐문을 각각 '건춘문'(建春門), '영추문'(迎秋門)이라 명명했다.

한편, 유교 성현의 위패를 모시는 서원이나 향교를 지을 때는 경역 북쪽에 사당을 두고 남쪽에 세 칸의 외삼문(外三門)을 내었다. 그리고 삼문을 출입할 때는 동쪽 문으로 들어와서 서쪽 문으로 나가는 이른바 동입서출(東入西出)을 예절의 기본으로 삼았다. 그런가 하면 양반가에서는 남향집을 짓고 정침의 동쪽에 조상의 신주를 모시는 사당을 두었다. 집의 기둥에 한시(漢詩) 주련을 걸 때는 건물 정면 기준으로 맨 왼쪽, 즉 동쪽 기둥에 첫 구절을 걸고, 이로부터 오른쪽으로 나아가며 기승전결 작법에 맞추었다.

불교에서는 석가여래를 주존으로 하는 삼체불(三體佛)을 조성할 때, 남향한 석가여래를 중심으로 왼쪽(동쪽)에 약사불을, 오른쪽(서쪽)에 아미타불을 봉안하는 것을 원칙으로 삼고 있다. 경주 굴불사지 석조 사면불상에서 보듯이 신라 사람들은 큰 바위를 중심으로 사방에 불국정토를 대표하는 네 부처를 형상화하였다. 또한 영주 부석사에서는 무량수전 내부 서쪽에 불단을 설치하고 아미타불상을 배서향동(背西向東)의 자세로 봉안했다.

이상과 같은 다양한 영역에 설정, 적용된 방위와 향배는 기본적으로 유교 전통 방위관, 좌체우용론(左體右用論), 그리고 불교적 세계관과 관련이 깊다. 이 장에서는 먼저 각 방위가 지닌 차별적 의미와 상징체계를 알아보고, 그것이 건축·조각·기타 조형미술 분야에서 어떤 방식으로 적용··응용되었는지에 대해 고찰하고, 더 나아가 이러한 방위 체계가 지닌 인문적 의미와 문화사적 가치에 대해서도 살펴볼 것이다. 덧붙여 외형 복원에 치중한 결과 원래 부여된 방위적 위상과 상하·좌우·내외 질서상의 위치 등 중요한 무형적 요소가 간과된 일부 복원 문화재와 안내판이 가진 문제점도 짚어볼 것이다.

방위의 인문학
동서남북의 상징체계

동: 생명의 기운이 시작되는 방위

한자 '東'은 '日'과 '木'을 합친 글자로, 해가 나무에 걸친 모습을 상형화한 것이다. '木'이 오행에서 동방의 상징이 된 것은, 동쪽이 해가 떠오르는 곳으로서 양기 충만한 시생(始生)의 방위이고, 양기가 약동하면 나무가 성장하기 때문이다. 『회남자』「천문훈」에서는 "해는 양곡(暘谷)에서 떠서 함지(咸池)에서 목욕하고 부상(扶桑)에서 솟는다"[日出於暘谷 浴於咸池 拂于扶桑]라고 기술하고 있다. 이때 부상은 동해 속의 신목(神木)으로, 해가 떠오를 때 이 나뭇가지를 떨치고 솟구쳐 올라온다고 전해진다.

태조 이성계가 조선을 건국할 당시 종묘를 한양의 동쪽,

〈부상일월도〉, 국립중앙박물관 소장

즉 왼쪽에 배치한 것은 이 방위가 양의 기운이 서린 곳이자 인도(人道)가 지향하는 곳이기 때문이다. 좌·우와 관련하여 『예기』에서는 이렇게 설명하고 있다.

> 오른쪽은 음이니 지도(地道)가 높이는 곳이다. 그러므로 오른쪽에 사직을 세운다. 왼쪽은 양이니, 인도(人道)가 지향하는 곳이다. 그러므로 왼쪽에 종묘를 세운다. 인도가 지향하는 곳에 종묘를 세우는 것은 자식이 그 어버이를 죽은 사람으로 대하지 않는다는 뜻이다. [右陰也 地道之所尊也 故右社稷 左陽也 人道之所鄉也 故左宗廟 位宗廟於人 道之所鄉 亦人子不死其親之意] 『예기』「제의」

이처럼 종묘를 도성의 동쪽에 두는 것은 죽은 선왕을 산 사람처럼 공경하여 모신다는 데 그 본뜻이 있다. 같은 맥락에서 일반 양반가에서도 사당을 정침 동쪽에 배치했다. 종묘와 가묘를 동쪽에 두는 뜻이 이러하므로, 만일 이를 다른 방위에 두게 되면 천리(天理)를 어기는 것이다.

조선시대 궁궐에서 왕세자의 처소를 정전 동편에 배치한 것은 동쪽이 만물 시생의 방위이고 세자는 왕위를 이어갈 새싹 같은 존재이기 때문이다. 그리고 왕세자의 처소를 동궁, 청궁, 또는 춘궁으로 불렀던 것은 동쪽이 오방색으로는 '청'(青), 사시(四時)로는 봄에 해당하기 때문이다. 경복궁 근

종묘 정전(위)
경복궁 비현각(아래)

경복궁 동문 건춘문의 다양한 길상문 부조판

정전 동쪽의 비현각과 자선당 등이 동궁 영역에 속한 전각들이다.

경복궁 동문을 '건춘문'이라 명명한 것은 동쪽이 사시로 보면 봄에 해당하기 때문이다. 문루 벽에는 '건원조현'(乾元朝玄)·'진색가창'(辰索駕蒼)·'삼양회태'(三陽回泰) 등의 길상문구가 새겨져 있다. 여기서 '건원'은 모든 것의 시초이자 조화를 일으키는 곳, 다시 말해 생명과 창조성을 상징한다. 『주역』 건괘의 단문(彖文)에서는 이를 "만물이 여기에서 비로소 나오니, 이에 하늘의 일을 총괄하게 되었도다"[大哉乾元 萬物資始 乃統天]라고 풀이하고 있다. '조현'은 동트기 전 새벽의 그윽하고 미묘한 상태를 뜻하며, '진색가창'은 진방(震方)의 창룡(蒼龍), 즉 동방의 청룡을 탄다는 의미다. '삼양회태'의

'삼양'은 『주역』 태괘(泰卦)에서 세 개의 양효가 밑 부분을 차지한 형국을 지칭한 것으로, 음이 줄고 양이 점차 자라나 만사가 형통하는 상을 나타낸다. 서문이나 북문과 달리 건춘문에 이 같은 다양한 의미를 부여하고 문자 장식을 베푼 것은 그만큼 궁궐 동문이 지닌 상서의 의미가 크기 때문이다.

지천태괘.
'삼양회태'의 형국이다

한편, 정전 앞마당에 문·무반 품계석을 벌여 세울 때는, 문반 품계석을 동편에 무반 품계석을 서편에 배치했다. 음양으로 보면 서쪽이 음이고 동쪽은 양이며, 생(生)과 살(殺)로써 말하면 동쪽이 생이고 서쪽이 살이기 때문이다. 또한 문과 무로써 말하면 동쪽이 문방(文方)이고 서쪽이 무방(武方)이기 때문에 문무반 품계석을 각각 동편과 서편에 배열한 것이다.

서: 마침과 휴식의 방위

동쪽과 대립적 관계에 있는 방위가 서쪽이다. '西'의 원 글자는 '서'(栖)이며 '栖'는 '서'(棲)와 같은 의미로 '깃든다'는 뜻을 지닌다. 『산해경』에서는 "회야(灰野)의 산에 나무가 있어 잎은 푸르고 꽃은 붉은데, 이름을 약목(若木)이라 한다. 해가 들어가는 곳이다"라고 말하면서, "해가 서쪽으로 질 때 작은 새들이 이 나무에 둥지를 튼다"고도 했다.『서경』「요전」(堯典)에서는 서쪽을 매곡(昧谷)이라고 했는데, 매곡은 '어둡고 그윽한 골짜기'라는 뜻이다. 이처럼 시생과 약동의 방위인 동쪽과 달리, 서쪽은 머물며 쉬는 방위로 인식되었다.

　서울의 서쪽, 지금의 종로구 사직동에 있는 사직단은 조선시대에 토지신과 곡물신에게 제사를 지내던 제단이다.『주례』에는 "국도를 건설할 때 오른쪽에 사직, 왼쪽에 종묘를 둔다"고 하였는데, 이는 정궁을 기준으로 사직을 서쪽에, 종묘를 동쪽에 둔다는 뜻이 된다. 사직단에 관한 구체적인 기록이『동국여지지』경도 편의 단묘(壇廟) 조에 다음과 같이 전한다.

> 사(社)는 동편에 있고 직(稷)은 서편에 있다. 두 단은 각기 사방 2장 5자이고, 높이는 3자이다. 사방으로 나 있는 계단은 각각 3층으로 되어 있다. 단은 방위색(方位色)을 따라 꾸미고 황토로 덮었다. 사에 있는 석주는 길이가 2자 5치이고 사방이 1자이다. 그 윗부분을 둥글게 깎고 아랫부분 반은 바닥에 흙으로 덮어 묻었는데 단의 남쪽 섬돌 위쪽에 세웠다.『동국여지지』제1권 경도 단묘(壇廟)

　경복궁 서문 이름은 영추문(迎秋門)이다. 동쪽 건춘문과 상대하는 이 문은 사계(四季)로는 가을에 해당하기 때문에 이 이름을 얻었다. 창덕궁 서문 이름은 금호문(金虎門)이

사직단(위)
영추문, 경복궁 서문(아래)

다. 이는 오행 상 서쪽이 '금'(金)에 해당하고 풍수지리상으로 '백호'(白虎)에 해당하기 때문이다.

남: 밝음과 번영의 방위

남쪽은 『주역』의 이(離)괘에 해당하는 방위로, 태양이 환히 비추는 광명의 상징이다. 『주역』「설괘전」에서는 "이괘는 밝음이다. 만물이 모두 서로 보는 남쪽의 괘이다. 성인이 남쪽으로 향해 천하를 듣고 밝은 곳(남쪽)을 향해 다스리는 것은 대개 여기서 취(取)했다"[離也者明也 萬物皆相見 南方之卦也 聖人南面而聽天下 嚮明而治 蓋取諸此也]라고 풀이하고 있다. 실제로 역대 군왕들은 즉위할 때나 공식적인 정치 행위를 할 때 남면(南面)을 좌향의 정체(正體)로 삼았다. 천도(天道)는 스스로 북에 위치해서 남을 향하고, 양기는 북에서 시작하여 남에서 극에 달하는 이치를 따른 것이다. 북[음]을 등지고 남[양]을 향하는 '배북향남'은 천리와 나란히 하는 향방이므로, 이 향방의 원칙을 따르지 않으면 명실(名實)과 경중과 귀천이 모두 타당성을 잃게 된다고 옛사람들은 믿어 의심치 않았다.

글머리에서 말한 대로 태조 이성계는 경복궁을 창건할 때 자오선 상에 남향으로 침전·편전·정전·오문(午門)을 배치했고 정치와 교화를 펴는 근정전의 어좌 역시 남향으로 앉혔다. 태조의 명을 받아 궐내의 각종 전각과 문의 이름을 지은 정도전(鄭道傳, 1342~1398)은, 남문인 오문을 정문(正門)이라

경복궁 오문(광화문)

명명하고(뒤에 광화문으로 바뀜) 그 뜻하는 바를 이렇게 아뢰었다.

> 천자와 제후가 그 권세는 비록 다르다 해도, 남쪽을 향해 앉아 정치하는 것은 모두 정(正)을 근본으로 함이니, 대체로 그 이치는 한 가지입니다. 고전을 상고한다면 천자의 문을 단문(端門)이라고 했는데, 단(端)은 곧 바르다[正]는 뜻입니다. 『조선왕조실록』 태조 4년 10월 7일

옛사람들에게 남쪽은 바름을 지향하는 방위임과 동시에 무성(茂盛)과 번영의 방위이기도 했다. 그들은 남쪽 지평선에 맞닿은 하늘에서 빛나는 남극성을 노인성 또는 수성(壽星)이라 불렀는데, 이 별이 나타나면 세상이 태평하게 다스려지므로, 장수와 창성을 주관한다고 생각했다.

북: 끝과 시작이 맞닿은 방위

'北'은 사람이 음기를 싫어해서 등진 모양[背]을 형상화한 글자다. 의미상으로 남쪽이 양일 때 북쪽은 그에 대응하는 음이며, 그 덕은 어두움에 있다. 북은 만물이 시초와 동시에 끝을 이루는 곳이다. 이는 십이지에서 북쪽에 해당하는 '자'(子)가 시작이자 끝인 것과 같다. 북은 또한 전후의 개념으로 보면 후(後)에 해당하고 오행으로 보면 '수'(水)의 속성을 지닌다.

서울 도성 북문(숙정문)

　그래서 조선시대에 기우제를 지낼 때 시장을 옮기고 도성 북문인 숙정문은 열고 남문인 숭례문은 닫았다. 북문을 연 것은 음기와 물의 기운을 불러들여 가뭄을 극복하기 위함이었다.
　한편 도교(道敎)에서 북은 주신인 칠원성군이 상주하는 신성한 곳이다. 칠원성군은 북두칠성을 의인화하고 신격화한 존재로, 중천(中天)을 돌며 하늘 아래 세상 만물의 생명과 길흉을 관장한다. 조선시대에 북두칠성을 경배한 신전인 소격서(昭格署)를 도성 북쪽 삼청동(三淸洞)에 설치한 것도 이런 이유에서였다. 한편, 북은 공북지성(拱北之誠)과 연관된 방위다. 공북지성은 '북신[황제]을 향하는 정성'의 뜻으로『논어』「위정」(爲政)의 "(임금이) 덕정을 펴게 되면 북극성이 가만히 제자리를 지키고 있어도 뭇별들이 옹위하는 것처럼 될 것이다"[爲政以德, 譬如北辰居其所而衆星共之]라고 한 데서 유래된 말이다.

해 뜨는 동쪽의 나라

지리학에서는 지구상의 방위를 자오선을 기준으로 남·북을 정하고, 자오선과 수평선이 직교하는 지점을 기준으로 동·서를 설정한다. 그러나 이 기준은 항구 불변적인 것이 아니어서 기준점이 달라지면 동쪽이었던 것이 서쪽이 되거나 그 반대의 경우도 생기게 된다. 조선 후기 실학자 정약용은 그런 방위의 속성에 관해 이렇게 설파한 바 있다.

> 북극과 남극은 만고(萬古)에 옮겨지지 않는 것이니 이는 일정한 자리가 있음이고, 동해와 서해는 위치에 따라 명칭이 바뀌니 이는 일정한 명칭이 없음이다. 일정함이 없는 위치로 일정함이 있는 위치에 배열시켜 사방에 넣었으니, 논리에 어긋나는 것이 아닌가? 『다산시문집』 책문 「동서남북에 대해 물음」

어떤 지역 또는 국가의 방위적 위치는 중심을 어디로 설정하는가에 따라 달라진다. 중국 주나라의 주공(周公)은 낙양을 천하의 중심이라고 말했지만, 이는 주관적이고 주체적인 설정에 불과할 뿐 애초에 낙양이 천하의 중심이었던 것은 아니다. 한 지역의 방위적 위치는 결국 인문·사회적 인식과 긴밀히 연결되어 있는 것이다.

옛날 우리나라는 '동'(東)과 관련된 다양한 별칭을 갖고 있었다. 조선(朝鮮)·대동(大東)·해동(海東)·동국(東國)·청구(靑丘)·진단(震檀)·동방예의지국(東方禮義之國) 등이 그것이다. 조선 정조 때 실학자 유득공이 이들 별칭의 유래에 대해 고찰했는데, 그 내용을 요약하면 대략 다음과 같다.

> '조선'은 '해 뜨는 동쪽 나라'라는 의미가 있는 이름이며, '대동·해동·동국' 역시 동쪽과 관련이 깊다. 진단(震檀)은 『주역』에서 말하는 진방(震方:동방을 가리킴)에 있는 나라라는 뜻을 가졌고, '청구'는 오방색 중 '靑'이 동쪽에 해당하기 때문에 붙여진 이름이다. 그리고 '동방예의지국'은 신라 사신이 곤경에 처한 당(唐) 현종을 충심으로 도운 일로 인해 중국 사람들이 신라를 동방의 예의방(禮義邦)이라 부른 데서 비롯되었다. 드물게 좌해(左海)로도 불렸는데, 우리나라가 중국의 왼쪽 바다 쪽에 있다는 데 연유한 명칭이다. 『오주연문장전산고』 경사 편 「우리나라 구호(舊號) 고사에 대한 변증설」

'동국'(東國)은 통일신라시대부터 사용되었다. 최치원(崔致遠, 857~?)이 지은 쌍계사진감선사대공탑비 비문에 이미

나타난 바 있고, 고려의 화폐인 동국통보(東國通寶)·동국중보(東國重寶), 조선의 문헌인 『동국여지승람』·『동국문헌비고』 등 여러 방면에서 '동국'이라는 명칭이 사용되었다. 조선의 문신 김종직은 신라시대부

쌍계사진감선사대공탑비 탁본

터 조선 초기에 이르는 시기의 시가를 선별해 엮은 책에 『청구풍아』(靑丘風雅)라는 이름을 붙였고, 김천택은 고려 말엽부터 편찬 당시까지의 시조들을 모아 엮은 시조집을 『청구영언』(靑丘永言)이라 했다. 김정호 역시 자신이 제작한 전국 지도책에 『청구도』(靑邱圖)라는 이름을 붙였다. 이처럼 우리나라의 다양한 별칭은 모두 중국을 방위의 기준으로 삼은 데서 나온 것이지만, 옛 식자들은 이들 별칭 사용에 주저함이나 거부감을 느끼지 않았다.

서래와 동래

'조사서래의'(祖師西來意)라는 말이 있다. 중국 선승들이 선종의 초조(初祖) 달마가 520년경 인도로부터 중국에 온 뜻을 새기며 화두로 삼았던 말이다. 따지고 보면 인도는 중국 남쪽에 있는 나라다. 그런데도 '남래'가 아니라 '서래'라고 한 것은

달성 도동서원 편액

달마가 중국으로 처음 진입한 곳이 중국 서역의 관문이었기 때문이다. '서래'라는 표현 속에는 자국 중심의 방위관이 투영되어 있음을 짐작할 수 있다.

'동래'(東來)는 '동쪽에서 온다'라는 의미와 '동쪽으로 온다'라는 두 가지 의미로 해석될 수 있다. 우리 조상들은 중국에서 사람이나 문물이 한반도로 들어왔을 때 통상 '동래'(東來)라는 말을 사용했다. 예컨대 사신이나 인사가 우리나라에 왔을 때 '사신동래'(使臣東來), '기자동래'(箕子東來)라 말하고, 모란꽃이 우리나라에 들어온 것을 '모란동래'(牡丹東來)라 했다.

사액서원인 경북 현풍의 도동서원(道東書院)의 '도동'은 '공도동래'(孔道東來), 즉 '공자의 도가 동쪽으로 왔다'라는 의미를 담고 있다. 우리 입장에서 보면 중국은 서쪽 나라이므로 사람이나 문물이 중국에서 국내로 들어왔다면 당연히 '서쪽에서 왔다', 즉 '서래'(西來)라고 해야 할 것이지만 과거 우리 조상들은 습관처럼 '동래'라는 표현을 썼다. 정약용이 지적했듯이, 일정함이 없는 중국의 위치를 기준 삼아 우리나라의 방위를 규정하는 것은 논리적으로 어긋나는 일이다.

향배와 좌향
바라보는 방향에 담긴 질서

배북향남과 배남향북

앞서 말한 대로 방위가 위치 개념이라면, 향배는 어떤 것이 지향하는 방향 그 자체를 의미한다. 다시 말해 어떤 주체의 관점에서 가늠하는 방위가 곧 향배인 것이다. 역대 군왕들은 왕위에 오르거나 정치 행위를 수행할 때 항상 남면을 고수했다. 그 이유는 조화가 형통하고 밝음이 왕성한 남쪽을 지향하는 것이 만물의 근본 이치를 밝힘과 동시에 천부적 권위와 정통성을 공식화하는 의미를 갖기 때문이다.

고려 공양왕 때의 일이다. 왕이 친히 태묘(太廟)의 선왕께 즉위를 고하고 환궁한 뒤에도 어좌에 앉지 않아서 문신 이색(李穡, 1328~1396)이 불안하고 답답한 마음에 이렇게 아뢴다.

근정전 어좌에 왕이 남면하고 앉았을 때의 시야

"상(上)께서 이미 즉위를 고하셨는데 아직도 남면(南面)하지 않으신다면 신민의 여망에 보답지 않는 일이 됩니다."[上己告 卽位 今又不南面 舞以答臣民之望] 이 말을 듣고서야 왕은 비로소 어좌에 앉아 남면했다.「동사강목」 그렇게 하여 등극이 현실화되고 공식화된 것이다.

 남면의 반대가 북면(北面)이다. 조선시대에 관리가 임금의 교지를 받을 때 북향재배를 했는데, 이는 임금이 남면하는 존재이기 때문이다. 신하에게 북면은 곧 임금을 우러러본다는 의미가 된다. 그래서 귀향 처사가 임금을 사모하는 마음을 표할 때는 북배(北拜)를 하였다. 조선 중기의 문신·학자 구봉령(具鳳齡, 1526~1586)은 『백담집』「공북정」(拱北亭) 시에 이렇게 썼다.

연북정, 제주시 조천읍 조천리

남쪽에 이르러 아침마다 밤마다 그리운 마음에
우뚝한 난간에 몇 번이나 올라 북쪽을 바라보았던가.
南到朝朝夜夜心
危欄北望幾登臨

제주도 북단 조천리 바닷가에 연북정(戀北亭)이라는 정자가 있다. '연북'은 북쪽에 계시는 임금을 사모한다는 의미다. 제주도에 유배 온 사람들은 한양에서 들려올 기쁜 소식을 기다리며 이곳에 올라 북쪽을 향해 의례를 행했다.

우리나라에는 '공북'(拱北)이라는 액호(額號)를 가진 문루나 정자가 적지 않다. 고창읍성의 공북루, 공주 공산성의 공북루, 진주성의 공북문루 등이 그 대표적 사례들이다. 이 밖

고창읍성 공북루

에 수원·청주·강화·전주 등 대도시와 읍성에도 공북루·공북정·공북헌 등의 이름을 가진 누정들이 있었다는 기록이 『신증동국여지승람』을 비롯한 각종 문헌에 전해진다.

  사자(使者)가 왕명을 받들고 지방으로 내려올 때면 부윤은 관리들과 함께 의관을 갖추고 공북루에 나아가 존경의 예로써 맞이했다. 또 왕의 생일이나 나라의 경사 또는 상서로운 징조가 나타났을 때, 부(府)와 주(州)에서 각기 하례하는 전문(箋文)을 올리고 대궐을 향해 망궐예(望闕禮)를 행한 곳도 역시 공북루였다. 조선 전기의 문신 서거정(徐居正, 1420~1488)이 전주 공북정의 중건을 즈음해서 지은 「전주 공북정을 중신한 데 대한 기문」을 보면 '공북'이 지닌 상징적 의미가 분명하게 드러난다.

전주부 북쪽으로 5리쯤 되는 곳에 정자가 있는데, 이것이 공북정(拱北亭)이다. 조정에서 덕음(德音)을 펴거나 사신을 파견할 때는, 부윤이 의관을 갖춰 입고 관리들을 거느리고 공경하는 마음으로 이곳에 나와 맞이한다. 정월 초하루, 동지, 탄신일 및 나라의 큰 경사와 상서로운 일을 만나게 되면 부(府)와 주(州)들이 각각 전문(牋文)을 갖추어 대궐을 향해 망궐(望闕)의 예를 올리고 전송하는 일을 이곳에서 한다. 『사가집』「전주 공북정을 중신한 데 대한 기문」

또한 "임금 말씀이 멀리 퍼져 다투어 맞이하니, 북관에는 언제나 충섬심이 걸렸네"[德音遠播爭郊迓 北關常懸捧日心] 『신증동국여지승람』라고 한 노사신(盧思愼, 1427~1498)의 「공북루」 시의 한 대목을 봐서도 알 수 있듯이, 공북정에서의 사신과 지방 수령관의 만남은 곧 덕화를 베푸는 임금과 그에게 귀의하는 백성들 간의 만남을 상징하는 것이었다. 이처럼 누정(樓亭)의 소재지가 한반도의 남쪽에 있음에도 액호에 '北'자가 들어간 이유는, 북면이 곧 임금을 향한 충성과 경배의 방향을 의미했기 때문이다.

불상의 좌향과 배치

유교의 방위관에서 남쪽과 동쪽을 중시하는 것과 달리, 불교의 경우에는 서쪽을 중요시한다. 이는 인간사의 질서를 우주 자연의 근본 이치에 일치시키려는 유교적 방위관과는 궤를 달리하는 것으로, 불교의 방위 인식은 그 자체가 불국정토라는 구조화되고 질서화된 불교적 세계관에 바탕을 두고 있다.

영주 부석사 무량수전은 남향한 불전이지만 주불로 봉안된 아미타불상은 법당 안 서쪽에 설치된 불단에 앉아 배서향동 자세를 취하고 있다. 아미타불은 불교에서 낙국(樂國)이라고도 불리는 서방 극락정토의 주재자이다. 『아미타경』에 따르면 "여기서 서쪽으로 십만 억 국토를 지나서 하나의 세계가 있으니, 이름하여 극락이라고 한다"고 하였다. 참배자들은 불전 서쪽에서 동쪽을 바라보고 앉은 불상을 마주하면서 서방 극락정토에 상주하는 아미타불을 현실에서 마주하듯 생생하게 느껴보는 것이다.

불교의 방위관은 사방불 형태로 가시화되기도 한다. 대승불교 경전에서는 팔방에 상·하를 더한 시방[十方]에 존재하는 부처에 대해 언급하고 있다. 이러한 불교적 세계관을 상징적으로 보여주는 것이 사방불, 또는 사면불 형식의 불상군이다. 동·서·남·북 사방의 불국정토에 주재하는 부처 이름이 불경에 따라 다소 차이가 있지만, 동-약사불, 서-아미타불의 관계는 거의 고정되어 있다. 이와 달리 남과 북에 배치되는 미륵불과 석가모니불은 그 위치가 서로 바뀌기도 하는 등 일관성이 적은 편이다. 그런데도 이 같은 사방불 형식의 불상군은 불교적 세계관을 구성하는 중요한 상징물이며, 나아가 방

영주 부석사 무량수전 아미타여래좌상

위관의 구조화된 형태를 표현한 것이라는 점에서는 이견이 없다.

　사방불을 조형화한 대표적 유적으로는 경주 굴불사지 석조 사면불상과 예산 화전리 석조 사면불상을 들 수 있다. 굴불사지 사면불상은 부처를 좌우에서 모시는 협시보살과 이들이 손에 든 지물 등을 근거로 서쪽이 아미타불, 동쪽이 약사불임을 확인할 수 있다. 그리고 북쪽에는 미륵불, 남쪽에는 석가모니불이 각각 조성되어 있다. 한편, 예산 화전리 석조 사면불상은 일명 '사방불'로도 불리는데, 6세기경 백제에서 제작한 것으로 우리나라 최초의 사면석불로 알려져 있다. 이 불상은 동·서·남·북의 방위에 따라 각 정토에 군림하는 약사불, 아미타불, 석가불, 미륵불을 형상화한 것이다.

경주 굴불사지 석조 사면불상(보물), 남면(사진 오른쪽)과 서면(사진 왼쪽), 국립문화유산청 사진(위)
예산 화전리 석조 사면불상(보물), 국립문화유산청 사진(아래)

좌우와 내외
공간을 설정하는 원칙

음양 관계로 보면 동쪽은 해가 뜨는 방향으로 양이고 서쪽은 해가 지는 방향으로 음이다. 배북향남을 기본 틀로 삼으면 동쪽은 왼쪽, 서쪽은 오른쪽이 된다. 따라서 왼쪽은 천체 운행의 시작점이 되고 오른쪽은 종점이라는 상징을 갖는다. 한편 체용론(體用論)에 따르면, 왼쪽은 '체'(體), 오른쪽은 '용'(用)에 해당한다. 이와 같은 좌우의 상징체계는 건축과 공예를 비롯한 전통 미술 모든 분야의 배후에서 그 위상과 위치를 설정하고, 배치의 순서와 질서를 규정하는 기능을 해왔다.

　조선시대에는 궁궐, 서원·향교, 또는 왕릉과 같은 권위 공간을 드나들 때, 동입서출을 의절의 기본으로 삼았다. '동입서출'은 동쪽 문으로 들어오고[入] 서쪽 문으로 나간다[出]는 뜻으로, 이것은 왼쪽 문으로 들어와서 오른쪽 문으로 나간다는 의미와 같다. 여기서 중요한 것은, '좌우'가 고정된 것이 아니라 특정 공간의 주체를 기준으로 설정된다는 점이다. 다시 말해 좌우는 주체가 임석한 자리나 건물 중심에 따라 달라지는 것이다. 예컨대 궁궐에서는 왕과 왕비의 정침이, 서원·향교에서는 공자와 유교 성현의 위패를 모신 대성전이나 사당이, 그리고 왕릉의 경우에는 봉분이 해당 경역의 좌우를 설정하는 기준이 된다.

도산서원 상덕사에 봉안된 퇴계 선생 위패(북벽 중앙)와 월천 선생 위패(좌측 동벽)봉안 상태

다음은 성호 이익이 퇴계 이황(李滉, 1501~1570)의 위패를 모신 안동 도산서원 상덕사를 다녀와서 쓴 글이다.

> 사당에는 상덕사(尙德祠)라는 세 글자의 액호가 걸려 있었다. 배궤(拜跪: 절하고 꿇어앉음)하는 절차를 다 물은 후에 조심스레 들어가니, 원노가 남쪽 문을 열어 주었다. 내가 뜰 아래서 경건하게 배알 하고 걸어서 서쪽 댓돌을 거쳐 몸을 굽히고 문턱 밖에 서서 사당 제도를 차례로 살펴보니, 다만 좌측에는 월천 조목(趙穆)을 배향하는 신위만 있었다. 『성호사설』 인사문 「도산사」

여기서 '좌측'이라는 표현에 주목해 보자. 만약 현대인이 이익이 서 있었던 그 자리에서 사당 내부를 바라보았다면 중앙에 이황의 위패가, 오른쪽에 월천의 위패가 있다고 말할지도 모른다. 그런데 이익은 월천의 위패가 왼쪽에 있다고 기록했다. 여기서 왼쪽은 자신이 아닌 이황의 위패를 기준으로 설정된 위치 개념인 것이다. 전통 시대의 좌우는 이처럼 나의 시점이 아닌 제2인칭 또는 우주적 중심, 즉 존재의 중심에 있는 대상을 기준으로 파악되는 상대적 개념이다.

체용론과 좌우 배치

체용론의 핵심은 근원적 실재를 의미하는 '체'(體)와 그의 작용을 의미하는 '용'(用)이 상호관계 속에서 하나의 전체를 이룬다는 것이다. 주자(朱子) 이후에 동양 철학의 전반적 문제를 체용 개념으로 이론화하고 체계화하려는 풍조가 일었는데, 체용론을 좌우 개념과 연계해서 설명한 것이 좌체우용론(左體右用論)이다. 좌체우용론의 사상 체계는 한양 도성문의 명칭, 서원 건축의 공간 구성, 불상 배치 등 다양한 방면에 적용되었다.

조선의 국도 한양 도성의 동문은 흥인지문(興仁之門)이고 서문은 돈의문(敦義門)이다. 이 두 문 이름의 핵심은 유교 덕목인 '인'(仁)과 '의'(義)이다. 일찍이 맹자는 "인은 체이고 의는 용이다"[仁者體也 義者用也]라고 말했다. 전통 방위관에서 동쪽은 좌, 서쪽은 우에 해당하므로, 한양의 동대문과 서대문에 부여된 이름 역시 좌체우용의 원리가 적용된 것임을 알 수 있다. 사설 교육기관인 서원에서도 이 원리가 적용된 예를 볼 수 있다. 강당 앞마당 좌우에 학생들의 기숙 공간인 재사(齋舍)를 배치하는데, 현풍 도동서원의 경우 좌측 재사의 이름을 거인재(居仁齋), 우측 재사의 것을 거의재(居義齋)라 하였다. 궁궐 정전 앞마당의 문·무반 품계석 배열에도 좌체우용 원리가 적용되었다. 문은 인(仁)에 근본을 둔 체이고, 무는 의(義)를 밝히는 용이다. 말은 행동의 근원인 체이고, 행동은 말이 겉으로 드러나는 용이다. 그래서 문반석을 왼쪽에, 무반석을 오른쪽에 배치한 것이다.

불교에서도 좌체우용의 원리를 중시하여 불전이나 불상 배치에 이를 적용하고 있다. 예컨대 종각(鐘閣)은 금당에서 바라봤을 때 전면 오른쪽에 배치하는 것을 원칙으로 한다. 이는 종이 불교 신앙의 본체인 불법의 진리를 소리로써 전하는 방편이기 때문이다. 삼존불 형식의 불보살상에도 좌체우용 원리가 반영되었다. 삼존불은 주존을 중심으로 좌우에 협시보살을 배치하는 형식으로서, 석가삼존불 형식의 경우 석가모니불을 중심으로 그 왼쪽에 문수보살, 오른쪽에 보현보살을 배치한다. 여기서 문수보살은 법신의 현묘한 근본 지혜를 상징하므로 체에, 보현보살은 차별지(差別智: 현상계의 여러 가지 차별상의 이치를 환히 아는, 부처나 보살의 지혜) 속의

흥인지문(위)과 현판(가운데)
덕수궁 중화전 앞 문무반 품계석(아래)

공주 신원사 대웅전 석가여래삼존상(위)
신륵사 극락보전 아미타삼존상(아래)

실천의 상징으로서 용에 해당한다. 그리고 아미타삼존 형식의 경우는 주존을 중심으로 왼쪽에 관세음보살, 오른쪽에 대세지보살을 배치한다. 관세음보살은 덕으로 자비문(慈悲門)을 관장하므로 체에, 대세지보살은 지혜의 빛으로 이 세상을 비춘다는 선행을 행하는 보살이므로 용에 해당한다. 이와 같은 배치 질서는 단지 형식적 원칙이 아니라, 불교적 세계관과 수행 체계의 철학적 기반을 시각적으로 구현한 것이다. 만약 이러한 질서를 따르지 않으면 본말과 시종이 전도되는 사태가 벌어지게 된다.

좌선의 이치

조선 후기의 문신 조익(趙翼, 1579~1655)은 우주의 순행 방위와 좌우의 관계에 대해 이렇게 설한 바 있다.

> 대저 천지의 방위를 말할 때는 좌측을 양으로 하고 우측을 음으로 하며, 동쪽을 좌로 하고 서쪽을 우로 하니, 천체가 동쪽에서 서쪽을 향해 운행하는 것은 '우선'(右旋)이라 해야 할 터인데, 어째서 '좌선'(左旋)이라고 하는지 의심스럽다. 이에 대해 생각해 보건대, 필시 좌측에서부터 돈다는 뜻으로 좌선이라고 말한 것으로 여겨진다. 『포저집』 「도촌잡록 하」

조익의 이 말은, 옛사람들이 우주의 순환이 동쪽, 즉 좌측에서부터 시작된다고 인식했음을 보여준다.

시구(詩句), 문구 등을 목판 또는 종이에 써서 집이나 정자의 기둥에 연달아 붙이거나 걸어두는 것을 주련이라 한다. 주련을 걸 때, 기승전결을 이루는 시의 첫 구절을 어느 기둥에 걸고, 이를 어느 방향으로 전개하는 것이 옳은지 문제가 될 수 있다. 결론부터 말하자면, 건물 전면 맨 왼쪽 기둥에 첫 번째 구절을 걸고, 이로부터 오른쪽 방향으로 기승전결 작법 체계에 맞춰 거는 것이 옳은 방식이다. 남향집은 물론이거니와 남향집이 아닌 경우라도 통상 집 앞쪽을 남면, 뒤쪽을 북면으로 상정하기 때문에 그렇다. 이 경우 집 앞면의 맨 왼쪽 기둥이 동쪽, 맨 오른쪽 기둥이 서쪽으로 간주된다. 따라서 전면 맨 왼쪽 기둥이 천체 좌선과 주련의 시작점이 되는 것이다.

창덕궁 후원 취한정의 주련을 예로 들어 살펴보자. "일정화영춘유월"(一庭花影春留月)〔뜨락에 가득한 꽃 그림자는 봄에 머문 달이요〕로 시작하여 "불수유화천만점"(拂水柳花千萬點)〔물을 스친 버들꽃이 천만 송이 피었네〕으로 끝나는 주련이 각 기둥에

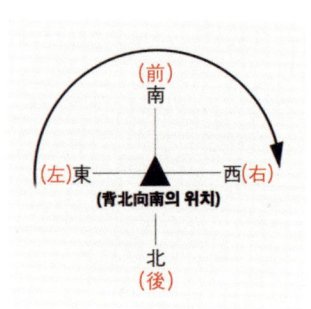

천체의 운행 방향

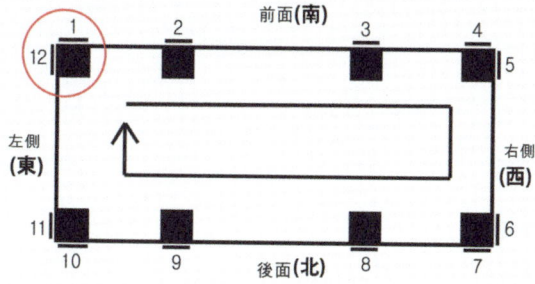

취한정, 'ㅁ'로 표시된 전면 맨 왼쪽 기둥이 주련의 시작점이다.(위)
취한정 주련 배치와 시구의 전개 방향(아래)

차례로 걸려있다. 건물 전면 맨 왼쪽 기둥에 첫 번째 시구가, 건물을 한 바퀴 돌아 시작 기둥 동쪽 면에 마지막 시구가 걸려 있다. 주련의 시작점과 전개 방향이 천체의 운행 방향, 즉 좌선의 이치와 일치한다.

병풍 그림의 전개

병풍의 맨 왼쪽 폭은 궁궐이나 서원 출입문인 삼문(三門)의 좌측 입문(入門)에 해당한다. '효·제·충·신·예·의·염·치' 여덟 글자 그림을 8곡 병풍으로 꾸밀 때 '효'(孝)자를 맨 왼쪽에 두는 이유는 '효'가 인간의 가장 근본적인 덕목이며, 사회와 국가 윤리의 기초이자 시작이기 때문이다. '효'가 행해지지 않으면 '제'(悌)도 무의미한 것이 되며, 부모에게 '효'를 행하지 않은 자에게는 임금에 대한 '충'(忠)도 기대할 수 없다. 모든 윤리의 근본인 '효'를 병풍의 시작점인 맨 왼쪽에 배치하는 이유가 바로 여기에 있다.

    민화의 문관 평생도는 인생의 주요 경사 의례를 그린 그림이다. 대개 병풍으로 꾸며지는데, 병풍 맨 왼쪽 첫째 폭에 돌잔치가 첫 장면으로 그려진다. 이를 시작으로 글공부·혼례·임관·회갑·회혼 등의 평생 의례와, 과거에 급제하여 고관대작이 되어 부귀영화를 누리는 장면, 은퇴 후 처사로서 은일한 삶을 사는 모습 등이 오른쪽으로 전개된다. 돌잔치 장면을 맨 왼쪽 화폭에 배치한 것은, 돌이 인생의 시작이고, 왼쪽이

병풍 그림의 좌우와 시종의 관계

좌선의 시작점이기 때문이나. 무관 평생도는 출생·무술연마·무과시험·출전(出戰)·지상전·해전·개선(凱旋)·은퇴 후 환향의 여덟 가지 기록할 만한 장면을 담고 있다. 이 경우에도 인생을 시작하는 장면을 가장 왼쪽에 배치하고 금의환향하는 장면 등은 맨 오른쪽에 배치한다.

한편, 춘·하·추·동 사계 풍광을 그린 사계도 병풍 역시 이와 같은 질서를 따른다. 봄은 사계의 시작이고 겨울은 사계의 끝이다. 당연히 봄 경치는 맨 왼쪽 화폭에, 겨울 경치는 맨 오른쪽에 배치된다. 계절과 관계 깊은 경직도(耕織圖: 백성의 생업인 농업과 누에치고 비단 짜는 일을 그린 풍속화)에서도 춘경이 가장 왼쪽에 배치된다.

윤리문자도처럼 본말(本末)이 분명하고, 평생도나 사계산수도와 같이 시종(始終)이 뚜렷한 내용을 주제로 한 병풍과 두루마리 그림에서 중요한 것은 역시 본(本)과 시(始)에 해당

〈평생도〉 병풍 맨 왼쪽 화폭의 돌잔치 장면, 국립중앙박물관 소장

하는 장면을 어느 위치에 두느냐 하는 것이다. 이는 곧 천도에 따르는가 거스르는가의 문제로 이어지기 때문에 옛 화가들은 이 부분을 결코 소홀히 할 수 없었다. 아무리 그림을 잘 그렸다 해도 내용 전개의 선·후와 본·말이 바뀌면 천도를 거스르는 이단적인 그림이 되기 때문이다.

제례 공간의 질서

살아 있을 때의 일을 양사(陽事)라 하고, 신(神)과 죽음에 연관된 일을 음사(陰事)라 한다. 조선시대 국가적 음사 공간인 종묘는 한양 도성 중심축의 왼쪽, 곧 동쪽에 위치하며, 역대 왕과 왕비의 신주를 모시고 제사를 지낸 곳이다. 양사의 경우, 왼쪽(동쪽)을 높게 보는 이동위상(以東爲上)의 질서를 적용하지만, 음사의 경우에는 '좌=양', '우=음'의 음양 이치에 따라 오른쪽(서쪽)을 존중한다. 그러므로 종묘 정전에서 위상이 가장 높은 곳은 맨 오른쪽 끝인 제1실이 된다. 현재 조선 제1대 임금인 태조의 신주가 이곳에 봉안되어 있고, 이로부터 왼쪽으로 제2대 정종 이하 역대 왕과 왕비의 신주가 총 19실에 걸쳐 내림차순으로 봉안되어 있다. 왕과 왕비의 신주함은 나란히 봉안하되, 왕은 오른쪽에, 왕비는 그 왼쪽에 배치하였다.

종묘가 음사의 공간이라 하지만, 엄밀히 따지면 선왕이 봉안된 정전과 영녕전 구역만 음사 공간에 해당한다. 나머지

왕과 왕비의 신주함

모든 영역은 현재의 왕이 선왕과 선후(先后)에게 제사를 올리기 위해 머무는 공간이기 때문에 양사(陽事)의 질서를 따른다. 종묘 정문인 창엽문을 들어서면 정전을 향해 곧게 뻗은 삼로(三路)가 나타난다. 이 세 길은 약간의 높이 차이가 있는데, 중앙의 가장 높은 것이 신의 길인 신향로(神香路), 이보다 약간 낮은 왼쪽(동쪽) 길이 왕의 길인 어로, 가장 낮은 오른쪽(서쪽) 길이 세자로이다. 종묘 정전 기준으로 신향로의 왼쪽(동쪽)에 어로, 오른쪽(서쪽)에 세자로를 낸 것은 양사의 좌상우하(左上右下) 질서를 따른 것이다.

능의 경우에도 우상좌하 원칙에 따라 왕릉을 오른쪽(서쪽)에, 왕비릉을 왼쪽(동쪽)에 배치한다. 인종의 효릉, 철종의 예릉, 현종의 숭릉, 헌종의 경릉, 문종의 현릉, 영조의 원릉

경릉, 소혜왕후(우, 향좌)와 덕종(좌, 향우)의 능.

등 대부분 왕릉에서 이 질서를 따르고 있다. 그런데 얼핏 보아 배치가 잘못된 것이 아닌지 의심 가는 능이 있으니, 바로 덕종(추존)과 소혜왕후의 경릉이다. 경릉에서는 소혜왕후의 능이 오른쪽, 덕종의 능이 왼쪽에 배치되어 있다. 이렇게 된 이유는 덕종이 왕위에 오르기도 전에 20세 나이로 죽고, 반면 소혜왕후는 아들 성종이 왕위에 오르면서 인수대비로 봉해져, 결과적으로 덕종보다 위계가 높아졌기 때문이다. 경릉에서도 우상좌하의 질서가 철저히 적용되어 있는 것이다.

내외의 인문적 의미

『설문해자』에서는 '內'를 "먼 곳[冂]에서 들어오는 곳, 밖으로부터 들어오는 곳"[從冂入 自外而入也]으로 풀이하고 있다. 이는 '內'가 단순히 '안쪽'(inside)을 뜻하는 것이 아니라, 어떤 주체를 기준으로 설정된 내부 공간 또는 영역을 뜻한다. 따라서 그 범위 바깥의 모든 공간은 자연스럽게 '外'가 되는 것이다. 궁궐에서 왕의 침전이나 조회를 위한 정전을 내전(內殿)이라 하고, 서원이나 향교에서 사당의 출입문을 내삼문이라 칭하는 이유가 여기에 있다.

내외가 갖는 인문적 의미는 다양하다. 가장이 부인을 내자(內者)라 부른 것은, 부인이 의복과 식사를 비롯한 모든 가정 살림을 책임지는 주체였기 때문이다. 한편, 내강외유(內剛外柔)라는 표현에서 내·외는 정신과 그에 따른 행동을 의미하며, 내직·외직이라 할 때의 내·외는 각각 도읍과 향리의 의미를 지닌다. 그런가 하면, 도가(道家)에서는 세상을 피해 숨어 사는 은일자를 방외자(方外者)라 부른다. 이는 현실 세계를 '內'로, 현실을 초월한 경지를 '外'로 보는 관념에 근거한 것이다. 또한 경전에서는 정통이 아닌 책을 외전(外典)이라 하는데, 이때 '外'는 사이비라는 뜻이다. 내·외를 본말(本末)로 말하자면 내는 '本', 외는 '末'에 해당한다는 것이다.

옛사람들이 만상을 내·외로 분별했던 것은 분별 그 자체를 목적으로 한 것은 아니다. 다만 양자 간의 차이를 명확히 구분하는 바탕 위에서, 중심과 주변의 상호관계를 순조롭게 하여 혼돈을 의미 있는 질서 상태로 정립하려는 데 그 목적이 있었다.

향교·서원의 내삼문과 외삼문

향교와 서원의 경역은 크게 제향과 강학의 두 공간으로 나뉜다. 경사지나 구릉지에 터를 잡은 경우, 입구로부터 가장 멀고 높은 곳에 문묘와 사당을 설치하고, 그 앞쪽 낮은 곳에 강당을, 강당의 전면 좌우에는 동·서재(齋)를 배치한다. 제향 공간인 문묘와 사당 구역이 '內'로 설정된 것은 이 공간의 주체가 공자와 그의 제자들이기 때문이다. 이에 따라 이 공간을 드나드는 세 칸 규모의 문은 '내삼문'(內三門)이라 불리고, 그 밖의 다른 공간을 출입하는 문은 외삼문이라 불리게 되는 것이다.

전주향교의 경우, 향교 안으로 처음 진입하는 문이 일월문(日月門)이다. 처음 들어가는 문이므로 얼핏 보면 외삼문일 것 같지만, 사실은 내삼문이다. 그 이유는 다른 향교들과 달리 이 문을 지나자마자 바로 문묘 구역이 펼쳐지기 때문이다. 이것은 향교에서의 내·외가 단순히 물리적 안팎 개념이 아니라, 공간의 주체를 기준으로 설정된다는 것을 잘 보여주는 예라 할 수 있다.

향교·서원의 공간 배치의 기본 사상은 예(禮)에 있다. 예의 기본은 분별이고, 사회적 지위의 높고 낮음, 장유(長幼)의 분별을 인정하는 바탕 위에서 비로소 성립된다. 예의 근본 속성인 분별이 가치 있는 이유는 그 본뜻이 무조건 남을 비하하려는 데 있지 않고 각자 자신의 위치를 알고 상호 조화를

안동 병산서원 내삼문(위)
전주향교 정문인 일월문, 외삼문이 아니라 내삼문으로 불린다.(아래)

추구하는 데 있기 때문이다. 향교·서원의 내삼문과 외삼문 명칭에도 분별을 인정하는 바탕 위에서 조화를 추구하는 화이부동(和而不同)의 정신이 투영되어 있다.

질서를 거스른 공간들

등 돌린 승려상

1996년, 경주 감은사지 동삼층석탑에서 사리장엄구가 덩어리 상태로 발견되었다. 이 상태로는 사천왕상과 승려상의 배치 위치와 좌향을 정확히 확인하는 것이 불가능에 가까웠다. 문화재 복원 전문가들의 끈질긴 노력으로 전체 모습이 어느 정도 복원되었지만, 승려상의 좌향은 문제로 남아 있다.

복원된 이 유물을 자세히 살펴보면, 상단의 네 변을 따라 앙련이 장식되어 있고 그 위에 2단의 난간이 조성되어 있다. 그 중심에 사리병이 놓였는데, 사천왕과 네 승려상 모두 사리병을 등진 자세로 서 있다. 이는 같은 감은사지 서삼층석탑에서 발견된 사리장엄구의 주악인물상이 중앙의 사리병을 향해 앉아 있는 것과는 다른 모습이다.

이것을 왕릉의 경우와 비교해 보자. 왕릉에는 봉분 주변에 석호, 석양, 그리고 문·무인석과 석마가 상설되어 있는데, 이들 중 석호와 석양은 봉분을 등진 자세로 앉아 있고, 문·무

발굴 당시의 사리장엄구(보물) 모습, 발굴보고서 『감은사지 동삼층석탑 사리장엄구』(2000), 국립문화재연구소(위)
감은사지 동삼층석탑 사리기, 승려상이 사리병을 등지고 있다. 국립중앙박물관 소장(가운데)
감은사지 서삼층석탑 사리기, 국립중앙박물관 소장(아래)

인석과 석마는 봉분 앞쪽에서 봉분을 향한 자세로 서 있다. 여기서 석호와 석양의 등진 자세는 왕릉을 수호하고 경호하는 의미를 가지며, 문·무인석과 석마가 봉분을 향해 서 있는 자세는 왕을 섬기고 존경하는 뜻을 표현한다.

    이 논리를 사리장엄구에 적용하면 사천왕은 석호와 석양에, 승려는 문·무인석에 해당한다. 승려는 부처님을 공양하고 찬탄하면서 깨달음의 경지에 이르고자 힘쓰는 수행자들이다. 그들은 부처님과 함께하는 공간에서는 항상 부처님을 향해 서거나 앉거나 절하며, 물러날 때조차 등을 보이지 않는다. 등지는 것은 불경한 행동이라고 믿기 때문이다. 반면에 사천왕은 왕릉의 석호·석양처럼 부처님을 수호하고 불국토를 외호하는 신중이다. 경계의 대상이 외부에 있으므로 항상 부처님을 등지고 전방을 주시하는 자세를 취하게 된다. 이러한 좌향의 상징체계를 고려할 때 감은사지 동삼층석탑 사리장엄구의 승려상은 지금처럼 등진 자세가 아니라, 사리병을 바라보면서 경배하는 자세로 고쳐져야 한다.

방향을 잃은 문액

전통 시대 건축 공간의 내외 역시 단순히 물리적 공간으로서의 안과 밖의 개념과 구별된다. 궁궐 건축에서도 내외는 공간 주체를 기준으로 설정되는데, 예컨대 왕과 왕비의 거처나 왕의 정치 활동 공간은 '內'가 되고, 이에 따라 그 주변 공간은 자연스럽게 '外'로 규정된다.

창덕궁 인정전은 왕이 직접 국가적 행사를 주관하는 곳으로서 내적 공간이다. 이 구역에는 세 개의 큰 문이 있는데, 진선문·인정문·숙장문이 그것이다. 창덕궁의 각종 문에 현판을 단 것은 성종 때의 일이다. 왕이 궁의 여러 문에 현판이 없어 출입자들이 혼동을 일으킨다면서 예문관 대제학 서거정으로 하여금 각 문의 액호(額號)를 지어 올리게 한 것이다.『국조보감』

당시 기록을 보면 숙장문을 좌달문(左闥門)이라 했다.[己亥南墻門曰丹鳳, 內西墻門曰宜秋, 左闥門曰肅章]『성종실록』성종 6년 8월 23일 달문이란 백두산 천지 물이 넘쳐흘러 나가는 곳을 가리키는 말이다. 그러므로 숙장문은 인정전 구역의 왼쪽, 즉 동쪽으로 빠져나가는 문, 다시 말해 동쪽에서 인정전 구역으로 진입하는 문인 것이다. 그렇다면 문액(門額)을 진입하는 사람이 볼 수 있는 위치에 다는 것이 이치에 맞다. 1827년(순조 27년)에 제작된 〈동궐도〉(東闕圖)를 보면 '肅章門' 문액이 이 문의 동쪽 면에 걸려 있는 것을 확인할 수 있다. 그런데 20세기 초에 찍은 숙장문 사진을 보면 문액이 문의 서쪽 면에 걸려 있다.

구한말 순종이 왕권을 잃고 창덕궁에 칩거하게 되면서 희정당은 내전(內殿)이 된다. 1908년 일제는 순종의 편익을 도모한다는 명분으로 어차(御車)가 돈화문에서부터 진선문

〈동궐도〉에 보이는 숙장문, 편액이 문의 서측 면(문 바깥쪽)에 걸려 있다.
화살표는 인정전 진입 방향(위)
1902년 숙장문 사진(아래)

순종 어차(御車) 희정당 진입로

과 숙정문을 거쳐 희정당까지 쉽게 진입할 수 있도록 신작로를 열었다『대한매일신보』1908년 2월 8일자. 이 과정에서 돈화문 앞 월대가 철거되고 숙장문은 희정당으로 진입하는 문처럼 기능하게 되었다. 이때 일제가 희정당 진입 방향에 맞추어 편액을 문의 서쪽에 옮겨 단 것으로 추정되고 있다.

1991년부터 9개년에 걸쳐 진행된 창덕궁 복원 사업을 통해 숙장문이 복원되었다. 하지만 편액 위치는 순종 때의 상태 그대로다. 이것은 인정전을 중심으로 하는 내외의 질서를 거스르는 것이다. 그러므로 문액을 숙장문의 동측, 즉 희정당 쪽에서 인정전 구역으로 들어오는 사람들이 볼 수 있는 위치로 옮겨져야 한다.

인정전 구역 안에서 바라본 복원된 숙장문, 편액이 문의 서측 면에 걸려 있다.

창경궁 빈양문(賓陽門) 역시 내외 질서에 어긋난 상태로 남아 있다. 〈동궐도〉에 그려진 것처럼 빈양문은 원래 세 칸 규모의 솟을대문이었다. 그러나 일제의 심각한 훼손 이후 진행된 창경궁 복원 과정에서 빈양문이 일각문으로 바뀌었고 문액은 문의 서쪽 측면(함인정 쪽)에 걸리게 되었다. 『궁궐지』는 "함인정은 명정전 서측, 본래 인양전(仁陽殿) 자리에 있는데, 동쪽 문이 빈양문(賓陽門)이다"라고 기록하고 있다. 빈양문을 동문이라 명시한 점을 보면, 이 일대 방위의 중심은 함인정이었고, 이에 따라 함인정 구역이 '內'로 설정되었음을 알 수 있다.

'빈양'(賓陽)이라는 이름은 『서경』「요전」(堯典)에 나오는 "희중에게 따로 명해 동쪽 바닷가에 살게 하니 그곳이 바로

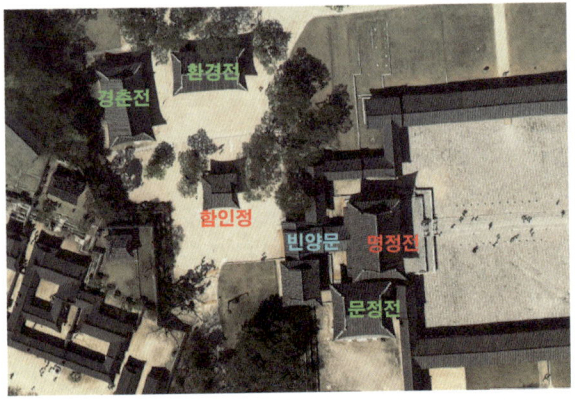

함인정 쪽에서 바라본 창경궁 빈양문(위)
창경궁 함인정 주변 전각(아래)

해 뜨는 양곡인데, 해를 공손히 맞이하여 봄 농사를 고르게 다스리게 했다"[分命羲仲 宅嵎夷 日暘谷 寅賓出日 平秩東作]는 대목에서 '인빈출일'(寅賓出日)의 의미를 딴 것이다. 이 의미를 고려할 때 빈양문이 내전의 동문인 것이 더욱 확실해진다.

조선 성종 때 왕명에 따라 창덕궁·창경궁의 여러 문 이름을 지을 때 정전인 명정전 행랑에 나 있는 문 이름도 지었다. 기록을 보면 남쪽 행랑의 영화문(永和門), 북쪽 행랑의 영평문(永平門)만 언급되어 있을 뿐 서문에 관한 내용은 없다. 명정전 서쪽에 있는 빈양문이 명정전 구역의 서문이 아닐지 의심해 볼 수도 있으나 '빈양'이라는 이름의 의미를 고려하면 서문일 가능성은 희박하다. 결론적으로 말하자면 전통적 내외 질서와 방위 체계에 비추어 볼 때, 빈양문은 내전 진입 문이 확실하므로 문액은 원래 자리인 문의 동측, 즉 함인정으로 진입하는 사람들이 볼 수 있는 위치, 즉 명정전 쪽에 걸려 있어야 한다.

내·외를 분별하는 근본 목적은 주체와 객체, 신분의 상하, 일과 사물을 구별하여 의미 있는 질서화를 꾀하려는 데 있다. 문의 현판 위치는 그러한 사고 구조와 작용 원리가 가시적으로 드러난 것이라 할 수 있다. 그러므로 현판 위치를 임의로 바꾸는 것은 기존의 의미 있는 질서를 훼손하는 행위가 된다. 유형적인 것은 항상 무형적인 것에 근거하고 있고, 무형과 유형은 하나의 전체로서 체계를 이룬다. 문화재 복원

돈암서원(사적) 양성당 주련

에 있어 내·외의 질서와 같은 무형적인 요소를 결코 소홀히 하거나 간과해서는 안 되는 이유가 여기에 있다.

뒤바뀐 주련의 순서

사계 김장생(金長生, 1548~1631)의 예학 정신이 깃든 돈암서원 강당인 양성당에는 6개의 주련이 걸려 있다. 주련 내용은 주자가 자기 자신을 경계하기 위해 지은 「경재잠」(敬齋箴) 20편 중에서 6편을 골라 쓴 것이다.

「경재잠」은 ①"의관을 바르게 하고 그 눈길은 존엄하게 하라"[正其衣冠 尊其瞻視]로 시작해, ⑳"먹에게 경계하는 글을 쓰게 하면서, 감히 영대에 고하는 바이다"[墨卿司戒 敢告靈臺]로 끝난다. 기승전결 작법으로 보면 '기'에 해당하는 것이 ①이고 '결'에 해당하는 것이 ⑳이다. 그러므로 원칙대로 한다면 ①이 양성당 건물 전면 맨 왼쪽(향우) 기둥에 걸려 있어야 한다. 하지만 지금 이 기둥에는 "오직 정성스런 마음을 하나로 하면 만 가지 변화를 보살필 수 있다"[惟精惟一 萬變是監]라는 주련이 걸려 있고, ①은 맨 오른쪽(향좌) 기둥에 걸려 있다. 이것은 천도의 운행 현상과 관련된 좌선의 이치와 이를 기반으로 한 좌우 상징체계에 어긋나는 것이다. 따라서 맨 왼쪽 기둥에 ①을 걸고 이로부터 오른쪽으로 「경재잠」 내용이 순서대로 전개되도록 바로잡아야 한다.

필암서원 확연루, 좌측(향우)에 '入門', 우측(향좌)에 '出門' 안내판이 걸려 있다.(위)
직산향교 외삼문 우측 문(아래)

기준을 놓친 안내문

앞서 말한 대로 특정 공간의 좌우는 방문자 중심이 아닌 그 공간의 주체를 기준으로 파악되고 설정된다. 예컨대 궁궐에서는 왕과

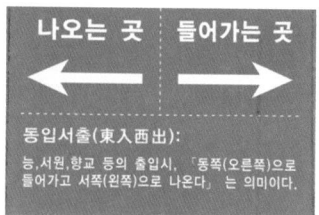

영릉(사적) 안내판

왕비가 머무는 정침이나 정전, 서원·향교의 경우에는 공자나 유교 성현의 위패를 모신 대성전 또는 사당, 왕릉의 경우에는 시신이 묻힌 봉분이 좌우 설정의 기준이 된다. 건물은 기본적으로 남향을 정체로 삼고 있으므로 왼쪽은 동쪽, 오른쪽은 서쪽이 된다. 내외의 개념도 마찬가지다. 공간의 주체를 기준으로 설정되기 때문에 대문은 '들어오고 나가는 곳'이지 '들어가고 나오는 곳'이 아니다.

전통적인 좌우, 내외 개념이 이렇기 때문에 영릉(英陵)의 문화재 안내판에서 '동입서출'을 "동쪽(오른쪽)으로 들어가고, 서쪽(왼쪽)으로 나온다"라고 설명한 것은 잘못이다. 당연히 "동쪽(왼쪽)으로 들어오고, 서쪽(오른쪽)으로 나간다"로 고쳐야 한다. 한편, 천안시 직산읍 직산향교의 외삼문 오른쪽(서쪽) 칸 벽에 "나가는 문"이라고 쓴 안내문이 붙어 있다. 이것이 동입서출의 뜻을 바로 새긴 안내문의 본보기라 할 것이다.

4

우주의 원리를 형상화하다

**천문과
상수의
미술**

신라 선덕여왕 때 축성된 첨성대는 동양에서 가장 오래된 천문대로 알려져 있다. 이 특이한 건축물의 외형적 특징은 위는 네모나고 아래는 둥근 상방하원(上方下圓) 구조라는 데 있다. 이 같은 구조는 첨성대뿐만 아니라 강화 마니산 참성단(塹星壇) 등 다른 건축이나 조형물에서도 확인된다. 한편, 궁궐과 정원 유적 중에는 밖은 네모나고 안은 둥근 외방내원(外方內圓)의 얼개로 된 것들이 있는데, 경복궁의 경회루 연지와 향원지, 담양의 명옥헌 연지가 대표적 사례들이다.

옛사람들은 하늘을 '구천'(九天) 혹은 '구중천'(九重天)이라 불렀고, 지상의 명승은 '팔경'(八景)으로 개념화했다. 궁궐, 향교, 서원 등 중요한 유교 건물과 불탑을 설계할 때는 기본적으로 3·5·7·9로 대표되는 천위(天位)의 수를 적용했다. 이때 수는 단순히 양의 많고 적음을 헤아리는 숫자가 아니라 우주의 존재 양상과 변화 이치를 드러내는 상수(象數)이다.

고대인들은 창공에 빛나는 해·달·별을 함께 일컬어 삼광(三光)이라 했다. 왕실에서는 일월오악도를 통해 군주의 총명함과 덕성을 기렸고, 양반가에서는 묘비에 일월을 새겨 빛과 영예의 상징형으로 삼았다. 세속 불교에서는 북극성과 북두칠성을 신격화하여 그린 치성광여래도와 칠여래도를 예배 대상으로 삼았으며, 도교에서는 칠원성군도를, 무교에서는 일월신도를 신앙의 대상으로 삼았다.

이 장에서는 건축물, 정원, 조형미술 등 다양한 분야에 적용된 기하학적 도형과 특정 상수가 고전적 우주 구조론과 어떤 관련을 맺고 있으며, 또한 천문의 대표적 양태인 일월성신(日月星辰)이 인문에 어떻게 수용되었는지를 대표적 사례를 중심으로 살펴볼 것이다.

우주 모형
인문 제도에 천문을 본뜨다

하늘의 명을 받은 천자가 지상 세계를 통치한다는 관념은 고대 동양인들의 정치철학이자 국가관의 기본 사상을 이루었다. 이러한 사상에 따라 모든 왕조의 집권자들은 하늘의 뜻이 자신에게 전해졌음을 드러내면서 왕조의 권위와 체통을 강조하기 위해 제단을 비롯하여 왕실 건축물, 기념비, 장식물, 일상의 기물에 이르는 다양한 방면에 그 상징을 반영하고자 했다. 그 대표적 방책 중 하나가 우주 모형을 건축물이나 예술 조형물에 적용하는 것이었다.

고전적 우주 구조론에는 몇 가지 가설이 전해지는데, 그중 비교적 잘 알려진 것이 선야설(宣夜說), 혼천설(渾天說), 그리고 개천설(蓋天說)이다. 선야설은 하늘이 일정한 형태를 지닌 물질적 존재가 아니며 해와 달과 별들은 허공 중에 떠서 기(氣)의 흐름에 따라 운행한다는 설이다. 혼천설은 하늘과 땅이 둥근 달걀 속의 흰자와 노른자처럼 구성되어, 하늘이 땅을 감싸고 그 절반은 땅 위에, 나머지 절반은 땅 아래에 있다고 보는 설이다. 그리고 개천설은 주대(周代)에 형성된 것으로, 우주는 일산(日傘)처럼 둥근 하늘이 네모난 땅을 덮고 있는 모습이고, 일산의 중심이 북극이라는 설이다. 중국에서 가장 오래된 천문 수학서인 『주비산경』(周髀算經)에 기초를 둔 이 개천설은 고대 동아시아 문화권에서 대표적인 우주 구조론으로 자리 잡았다.

국립중앙박물관이 소장한 〈복희여와도〉(伏羲女媧圖)는 중국 신강 투루판 지역의 아스타나 고분에서 출토된 유물이다. 중국식 천지창조 신화의 두 주인공을 그린 그림으로, 왼쪽(향우)이 남신 복희이고 오른쪽(향좌)이 여신 여와이다. 복희는 왼손으로 네모를 그리는 구척(矩尺: 곱자)을, 여와는 오른손으로 원을 그리는 규(規: 컴퍼스)를 들고 있는데, 이것은 '천원지방'의 우주 질서를 상징화한 것이다.

신라 말기 최치원의 『계원필경집』「참산의 신령에게 제사 지낸 글」에 "옛날 방원(方圓)이 분리되어 처음 청탁(淸濁)으로 나뉠 적에, 융해하여 강과 바다가 되고 응결하여 산악이 되었다"라는 내용이 있다. 우리나라에서도 일찍부터 방원 개념을 기초로 한 우주 구조론을 수용하고 있었음을 알게 해주는 대목이다.

개천설에 기반한 우주 모형을 원형과 방형으로 도식화한

〈복희여와도〉, 아스타나 고분 출토, 국립중앙박물관 소장

예를 조선 중기 성리학자 이황의 〈천명신도〉(天命新圖)에서 찾을 수 있다. 이 도식에는 원형의 상부 바깥에 '천원'(天圓), 하부 안쪽에 '지방'(地方)이라 적어 천원지방의 의미를 뚜렷이 했다. 그러나 조선

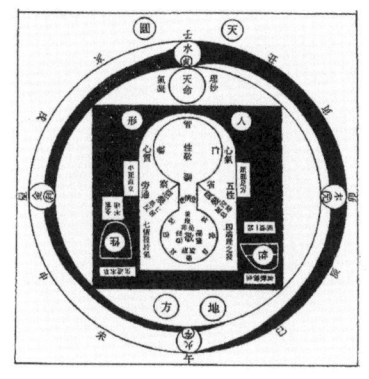

〈천명신도〉, 정지운 편저『천명도설』에 수록

후기 실학자 이익(李瀷, 1681~1763)은 천원지방이라는 우주 구조론에 의문을 제기했다. 그는 사람들이 하늘은 둥글고 땅은 네모난 것으로 생각하는 것은 개천설을 생각 없이 받아들였기 때문이라 지적했다. 또 그는『주역』을 인용하면서 하늘의 도(道)가 원만한 것이지 그 모양이 둥근 것이 아니며, 땅의 도가 방정(方正)한 것이지 그 모양이 네모난 것은 아니라고 설파했다. 더 나아가서 이익은 땅은 네모가 아니라 구형(球形)이라는 주장도 폈다『성호사설』「천지문」.

그의 제자 윤기(尹愭, 1741~1826)도 "둥근 것으로 하늘을 빗대고 네모진 것으로 땅을 빗대어 마치 하늘과 땅이 형체가 있고 가리킬 수 있는 방소(方所)가 있는 것처럼 말한다면 하늘과 땅을 바로 안다고 할 수 있겠는가"『무명자집』「천원지방설」라고 반문하면서 형태에 얽매이는 것은 우주의 도(道)를 잘 모

르는 소치라고 비판했다. 이런 논쟁에도 불구하고 오랜 세월 동안 방원은 고전적 우주 구조론의 대표적 모형으로 인식되었고, 그러한 기하학적 도형이 우주와 인간의 관계를 잇는 방편으로서 여러 방면에 적용되었다.

첨성대와 참성단

신라 선덕여왕 16년(647)에 축성된 첨성대는 그 명칭만 보면 천문 관측용 건축물일 것 같다. 그렇지만 천문 과학적 성격의 관측대인지, 점성적·주술적 의미가 더 컸는지, 아니면 왕권의 상징물로 축성된 것인지는 아직 명확히 밝혀지지 않았다. 다만 첨성대의 상방하원(上方下圓) 구조가 동양의 고전적 우주 구조론에 바탕을 두고 있다는 점은 분명한 사실로 여겨진다.

강화도 마니산의 참성단(塹星壇) 역시 첨성대와 마찬가지로 상방하원 구조로 되어 있다. 참성단은 하늘에 제사 지내기 위해 설치한 제천단(祭天壇)으로, 단군 이래로 이곳에서 제사가 행해진 것으로 전해진다. 제단은 크게 상하 두 구역으로 나뉘며, 위쪽은 방형 아래쪽은 원형을 기본 형식으로 하고 있다. 이 형태는 『세종실록지리지』 「강화도호부」 조에 "돌로 쌓은 단의 높이가 10척이며, 위는 방형이고 아래는 원형이다"[山頂 有塹星壇, 壘石築之, 壇高十尺, 上方下圓]라고 기록된 내용과도 일치한다.

첨성대와 참성단의 상방하원 구조는 『주역』 64괘 중 11번

경주 첨성대(위)
마니산 참성단(아래)

지천태괘

째 괘인 지천태괘(地天泰卦)와 같은 상(象)을 나타낸다. 지천태괘는 땅의 상을 나타내는 곤괘(☷)가 위쪽에, 하늘의 상을 나타내는 건괘(☰)가 아래쪽에 있는 모양새로, 양인 하늘의 상승 기운과 음인 땅의 하강 기운이 오르내리면서 만나 조화의 극치를 이루는 형국을 보여준다. 이 괘의 함의를 『주역』「태괘」단(彖)에서는 "하늘과 땅이 사귀어 만물이 통하고, 상하가 사귀어 그 뜻을 같이한다"[天地交而萬物通也 上下交而其志同也]라고 풀이하고 있다. 따라서 첨성대와 참성단의 기본 구조는 천지의 상호 교류를 통해 조화의 극치를 이루는 이치를 건축적으로 구현한 것으로 볼 수 있다. 다시 말해 이들 건축물의 상방하원 구조는 우주와 인간, 즉 천문과 인문의 관계를 연결하는 의례 모형인 셈이다.

경회루 석주와 방지원도형 연못

경회루는 조선 태종 때 창건된 경복궁의 누각 건물이다. 임진왜란 때 병화로 소실되었으나 대원군이 복원하여 오늘에 이르고 있다. 24개의 방주와 24개의 원주, 모두 합해 48개의 화강암 석주가 누마루 전체를 떠받는 구조인데, 결론부터 말하

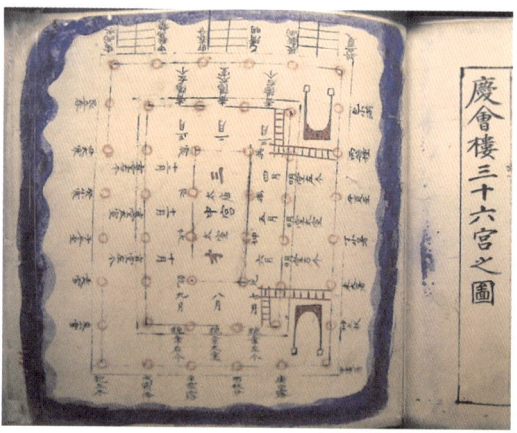

경복궁 경회루 바깥쪽의 방주와 안쪽의 원주(위)
〈경회루 36궁도〉, 국립고궁박물관 소장(아래)

창덕궁 후원의 청의정

자면 이 방주와 원주는 천원지방의 고전적 우주 구조론을 궁궐 건축에 구현하기 위한 묘책이었다. 고종 2년(1866) 정학순(丁學洵, 1806~1883)이 그린 〈경회루 36궁도〉를 보면, 전체 48개 기둥에 10간 12지, 12달 24절기가 각각 배속되어 있고, 중앙의 세 칸은 우주의 세 근원인 삼재(三才) 공간으로 설정되어 있다. 시간과 공간이 한 곳에 융합된 셈이니, 경회루는 가히 지상에 구축된 우주라 해도 과언이 아니다.

경회루가 건립되기 약 200년 전, 고려의 문신 이규보(李奎報, 1168~1241)는 방형 평면에 둥근 지붕을 얹은 정자인 사륜정(四輪亭)을 짓고자 했다. 이때 한 지인이 의도하는 바를 묻자 그는 "하늘이 둥글고 땅이 모난 것은 사람이 모두 다 아는 바이지만 음양을 말하는 자가 일산과 수레에 비유하여 세

명옥헌 원림, 방지원도형 연못, 네이버 사진(왼쪽)
경복궁 향원지, 방지원도형 연못, 구글 사진(오른쪽)

로 가로의 보(步)·척(尺)까지 모두 들어 말한 것은 만물이 모 나고 둥근 것에 들어가는 것이 모두 형기(形器)에 응한다는 것을 논하려 함이다"라고 답했다 『동국이상국집』 제23권 「사륜정기」.

그 후 이규보가 실제로 정자를 완성했는지는 유적이 남아 있지 않아 알 길이 없으나, 우주 모형을 정자 건축에 적용하려 했던 것만은 분명하다. 창덕궁 후원 옥류천 구역에는 청의정이라는 매력적인 정자가 있다. 이 정자는 평면은 1칸 정방형이며, 네 개의 기둥머리에 팔각 도리를 얹고 그 위에 원형 지붕을 이은 구조인데, 이규보가 지으려 했던 사륜정도 이와 비슷하지 않을까 생각된다.

천원지방의 우주 구조론은 경복궁 향원지, 창덕궁 부용지, 담양 명옥헌 원림의 연지 등 궁원과 민간 정원의 연못에도 적용된 사례를 볼 수 있다. 향원지의 경우 호안을 사각형으로 쌓아 방형 연못을 만들고, 그 중앙에는 못을 팔 때 나온 흙으로 둥근 섬을 조성했다. 사대부가 향토에 조성한 담양 명옥헌 원림의 경내에도 방지원도형 연못이 있다. 이처럼 사각형 안에 원형의 섬이 있는 연못을 조성한 목적은 천지의 이치를 인간사에 적용하여 그와 조화를 나란히 하려는 데 있다.

환구단과 사직단

『신증동국여지승람』「경도」(京都) 조에 따르면 조선 초기에 한강의 서동(西洞), 또는 남교(南郊)에 원단(圓壇)이 설치되어 있었다고 한다. 그 위치는 지금의 한남동 부근으로 추정되는데, 유적은 남아 있지 않으나 명칭만으로도 원형을 기본으로 한 제단이었을 것은 추측하기 어렵지 않다. 세조 대에 와서 이 원단을 복원하고 이름을 남단(南壇)으로 고쳐 불렀는데, 제후는 하늘에 제사 지내지 못한다는 제후국의 법도를 의식하여 하늘을 의미하는 '圓'자를 회피한 까닭이다.

조선 말 고종은 대한제국을 선포함과 동시에 한양 중심에 환구단(圜丘壇)을 설치했다. 도읍 중심부(지금의 소공동)에 천제단을 설치함으로써 한양은 명실공히 황제국의 수도로 자리매김하게 되었다. 일제강점기 때 환구단은 훼철되고, 현재는 천신의 위패를 모시는 황궁우만 남아 있다. 이 천제단은 원단(圓壇), 환단(圜壇), 환구단(圜丘壇), 원구단(圓丘壇) 등 다양한 이름으로 불려 왔다. 2005년 문화재청(현 문화유산청)은 『고종실록』 기록을 근거로 한자 표기를 '圜丘壇'으로, 한글 독음은 고종이 제사를 지낸 1897년 10월 당시 『독립신문』

환구단(위)
사직단(아래)

에 표기된 '환구단'으로 정했다. 일제강점기 당시 환구단 사진을 보면 완벽한 원형은 아니라도 원형 이미지를 기본으로 한 건축물임을 확인할 수 있다.

원형이 천도(天道)의 상징이라면 방형은 지도(地道)의 상징이다. 제단 건축에 방형을 적용한 대표적 사례가 바로 서울 사직단이다. 사직단은 동편과 서편에 각각 하나씩 마련된 두 개의 네모난 단으로 구성되어 있다. 왼쪽(동편)은 땅의 신에게 제사하는 사단(社壇)이고, 오른쪽(서편)은 곡식의 신에게 제사하는 직단(稷壇)이다. 각 단은 황토로 채워져 있으며, 단의 동서남북 사방에 3단의 계단이 설치되어 있다.

공예품에 담긴 우주

1971년, 공주 송산리 무령왕릉에서 출토된 방격규구경(方格規矩鏡)은 왕실 공예제작소인 상방(尙方)에서 제작한 청동 거울로 왕실 권위의 상징물로 여겨진다. 원형 거울 중심에 새겨진 정방형의 도형은 천원지방을, 네 변 위에 배치된 12개의 유두는 십이지를, 정방형 바깥쪽의 8개 유두는 팔괘를 상징한다. 그리고 청룡·주작·황룡·백호·현무 등 방위를 상징하는 신수상은 오행 사상을 반영한 것이다. 천원지방, 십이지, 팔괘 등이 음양오행 사상을 배경으로 얽혀 있는 이 거울 자체가 곧 하나의 우주 모형인 셈이다.

우주 모형은 건원중보, 상평통보 등 이른바 엽전이라 불

청동 방격규구경, 무령왕릉 출토, 국립공주박물관 소장(1)
건원중보, 고려, 국립민속박물관 소장(2)
상평통보, 조선 화폐박물관 소장(3)

리는 금속 화폐에도 적용되었다. 바깥 테두리는 둥글고 안의 구멍은 네모난 것이 특징인데, 이 모양을 두고 조선 후기 문신인 홍양호(洪良浩, 1724~1802)는 이렇게 설명했다.

> 엽전은 바깥 테두리는 둥글고 안의 구멍은 네모나니, 〈선천도〉(先天圖: 『주역』 원리를 해설한 그림으로, 복희가 그렸다고 함)를 본떴을 것이다. 둥글기 때문에 막히지 않고 굴러가고, 네모나므로 물건에 맞추어 값을 정한다. 가운데를 비워 하나로 꿰는 것은 태극의 이치를 본떴을 것이다. 고금에 걸치고 화이(華夷)에 통해 변하지 않으니, 이 물건을 만들어 낸 지혜는 조화(造化)에 참여할 수 있을 것이다. 이를 만들어 낸 이는 거의 성인에 가까울 것이다. 『이계집』 외집 제9권, 만물원시(萬物原始), 「잡물편」(雜物篇)

우주 모형은 조선시대 제기(祭器)에도 적용되었다. 종묘제례 때 사용하는 궤(簋)는 메기장밥과 찰기장밥을 담는 그릇으로, 원형을 기본 틀로 한다. 보(簠)는 쌀밥이나 차조밥을 담는 그릇으로, 방형을 기본 틀로 하고 있다. 이 두 제기를 제사상에 진설할 때는 앞뒤로 나란히 붙여 놓는데, 이유는 천원지방의 도를 명료히 드러내기 위한 것이다.

조상의 혼을 모시는 신주(神主)도 상원하방을 기본형으로 삼는다. 조선 후기 학자 이현일(李玄逸, 1627~1704)이 안

하늘을 상징하는 궤(簋), 국립고궁박물관 소장(위)
땅을 상징하는 보(簠), 국립고궁박물관 소장(아래)

'퇴도이선생' 위판, 도산서원 상덕사

동 소수서원에 안향(安珦, 1243~1306)의 신주를 봉안할 즈음에 신주에 대해 "마침내 여러 의견을 모아 진영(眞影)은 따로 갈무리해 두고 대신 신주를 만들었으니, 밑바닥은 네모나고 윗부분은 규(圭)처럼 둥글게 하여 신이 머물 수 있게 하였습니다"『갈암집』「축문」라며 상원하방 도형을 신주에 적용한 이유를 밝혔다. 신주는 혼백이 깃드는 의지처로서의 의미를 지닌다. 유교에서는 천혼(天魂)과 지백(地魄)이 결합한 상태를 생(生)이라 하고, 혼백이 분리되어 하늘과 땅으로 되돌아가는 것을 사(死)라 한다. 옛사람들은 원형과 방형이 일체를 이룬 신주를 만들어, 천혼과 지백이 다시 이곳에 함께 머물기를 기대했던 것이다.

거문고, 가야금과 같은 의례용 악기에도 우주 모형이 적용되었다. 『삼국사기』 「제사·악」 조에는 "위가 둥글고 아래가 네모난 것은 하늘과 땅을 본받은 것이다"라는 기록이 있는데, 이는 거문고와 가야금의 외형 구조를 두고 한 말이다. 벼슬아치가 임금을 만날 때에 손에 쥐는 홀(笏)에

중국 장족 혼례복의 원형 방형 장식

도 천지의 도가 적용되어 있다. 이응희(李應禧, 1579~1651)는 『옥담사집』「홀면」(笏面)에서 "위는 둥글고 아래는 모났으니 그 형상은 하늘과 땅을 본떴구나"[上圓而下方 厥制乾坤像]라고 하여 홀의 형태가 지닌 상징적 의미를 밝혔다. 궁중 복식도 예외가 아니다. 조선 말 문신 안효석이 고종에게 올린 상소 내용 중에 이런 대목이 나온다.

> 대저 의복의 제도는 성왕께서 문장(文章: 옛날 예복에 수놓았던 화려한 문채)으로 귀천을 표시한 것입니다. 하도(河圖)는 원(圓)을 표상한 것이며 낙서(洛書)는 방(方)을 표상한 것으로, 옷의 둥근 소매와 모난 깃은 여기서 취한 것입니다. 『조선왕조실록』 고종 21년 6월 6일

원형은 남성, 방형은 여성의 상징형이기도 하다. 중국 장족 사회에는 혼례 때 남자는 원형, 여자는 방형의 장신구를 몸에 지니고 의식을 치르는 풍속이 있다. 이는 남자를 하늘에, 여자를 땅에 비유한 것으로, 신분의 상하를 구별하려는 것이 아니라 남녀 간의 분별과 조화를 상징하는 것이다.

해와 달
우주의 음양을 드러내다

선조들은 하늘에 걸린 해·달·별을 아울러 삼광이라 했다. 그들에게 삼광은 천문(天文) 그 자체였다. 문(文)이란 본래 '무늬'[紋]를 뜻하며, 어떤 세계가 자신의 본질을 드러내는 외적 표현이다. 이 가운데 해와 달은 밝음과 광영의 신체(神體)이자 영원의 표상이었고 우주의 음양을 드러내는 대표적 양태였다. 고대인들은 해와 달을 통해 천문의 이치를 읽어내고자 했다. 이렇듯 천체를 인간 중심적으로 해석하고 판단하는 인문적 천문관은 고분의 일·월상도, 어좌 장식화인 일월오악도, 사대부 묘비의 일·월상도 등에서 다양한 방식으로 구현되었다.

천문과 천신 사이
일·월과 성상(星象)으로 무덤 안을 장식한 역사는 매우 오래

〈일월신도〉, 오회분 5호묘 벽화, 중국 길림성 집안시

되었다. 중국 사마천의 『사기』 「진시황 본기」에 "위는 천문을 갖추었고 아래는 지리를 갖추었다"[上具天文 下具地理]라는 기록이 있다. 이는 진시황릉 내부 천장에 일·월 성상이 그려졌음을 시사하는 대목이다. 우리나라의 경우, 고구려 고분 중에 일·월상이 그려진 무덤이 25기에 이르는데, 공통점은 일·월상이 각각 무덤 천장 동쪽과 서쪽에 그려져 있다는 점이다.

그런데 중국 길림성 집안시 소재 오회분 5호묘와 4호묘 벽화는 조금 다른 양상을 보인다. 해와 달이 방위와 관계없이 동일한 공간에 함께 그려져 있는데, 이는 천체로서의 일·월이 아니라 신(神)으로서의 해와 달을 상형한 것임을 의미한다. 같은 무덤 내벽에는 이 외에도 음악신·춤신·불신·농신·야장신(冶匠神)·수레신 등 신화적 인물들과 신격을 가진 인물 그림들이 벽면에 가득 차 있다. 이처럼 고구려 고분에는 천체로서의 해와 달, 그리고 신으로서의 해와 달이 공존하고 있었다.

해 속의 삼족오

중국에서 가장 오래된 삼족오(三足烏) 유물은 한나라 시대의 화상석(畫像石)에서 발견되었다. 우리나라에서는 덕흥리 고분, 약수리 고분, 덕화리 1호분, 강서 중묘 등의 고구려의 고분 벽화와 고려의 승탑비, 조선 사대부 묘비 등에서 그 모습을 찾아볼 수 있다. 그렇다면 일상(日像)에 등장하는 이 세 발 달린 검은 새의 정체는 무엇일까? 여러 고전에 보이는 삼족오에 관한 단편적인 기록을 모아보면 대강 이러하다.

"해 안에 삼족오가 있다."[日中有三足烏]『춘추』「원명포」

"해 속에 삼족오가 있고 달 속에는 토끼와 두꺼비가 있다."[日中有三足烏 月中有兎蟾蜍]『논형』「설일」(說日)

"해 가운데 준오(踆烏)가 있다."[日中有踆烏]『회남자』「정신훈」

"탕곡 위에 부상 나무가 있는데, 한 태양이 이르면 다른 한 태양이 나간다. 모두 까마귀에 실려 다닌다."[湯谷上有扶木 一日方至 一日方出 皆載于烏]『산해경』「해외동경」

"곤륜은 약수(弱水) 중에 있는데, 용을 타지 않으면 갈 수가 없다. 다리가 셋인 신조가 있어 서왕모를 위해 모신다."[崑崙在弱水中 非乘龍不能至 有三足神鳥 爲西王母取息]『하도괄지도』(河圖括地圖)

위에서 보듯이 이 환상적인 새의 이름은 다양하다. 삼족

강서 중묘 천장 일상(日像)의 삼족오

오, 준오, 삼족 신조 외에도 양조(陽鳥)·적조(赤鳥)·영오(靈鳥)·청조(靑鳥)·금아(金鵝)·금계(金鷄) 등의 이름으로도 불린 사실이 고전에서 확인된다. 이 가운데 '陽'·'赤'·'靑'·'金'은 음양오행론과, '靈'·'神'은 신선 사상과 관련이 있다. 이는 해 속의 검은 새의 원형이 까마귀일지라도, 그 상징성과 의미는 이미 그것을 넘어 확장되어 있음을 보여준다. 결론적으로 삼족오는 단순한 새나 까마귀가 아니라, 인문적 천문관과 인간 중심적 해석을 거쳐 신비화된 제3의 새인 것이다.

삼족오의 가장 두드러진 외형적 특징은 몸은 검고, 다리가 셋이라는 점이다. 이 세 개의 다리는 상수 '3'과 관련되며, 그 상징적 의미에 대해서는 연구자들 사이에 다양한 해석이 존재한다. 예컨대 천·지·인 삼원(三元) 사상의 표상물로 보거나, 삼신인 환인·환웅·단군을 상징화한 것이라고 주장하는 학자도 있다. 또 태양 흑점설도 있는데, 고대인들이 태양의 흑점을 보고 검은 새를 상상했고, 그 새를 보통의 새와 구별하기 위해 다리를 셋으로 표현했다는 것이다. 이밖에 태양은 양의 성질을 가졌으므로 완전한 양의 상수인 3과 연결해 형상화했다는 주장도 있다.

상수 '3'과 관련해서 반드시 주목해야 할 것은 『리그베다』에 등장하는 태양신 비슈누와 관련된 신화의 내용이다. 『리그베다』는 인도 사상의 원천이자 고대 동아시아 정신사에 광범위한 영향을 끼친 신화이다. 신화의 주인공 비슈누는 태양의 광휘를 신격화한 존재로, 가루다라는 새를 타고 다니며 우주를 유지하고 보존하는 역할을 한다.

> 비슈누는 제힘으로 찬미하고 무서운 짐승같이 높은 산에 올라 마음대로 뛰논다. 세 번의 큰 발걸음 속에 만물이 편안하게 머물고 있나니, 소리 높은 이 찬가를 그곳에 이르게 하라. 저 높은 산에 살아 활보하는 비슈누, 그는 아득한 이 세계를 측량할 때 세 걸음으로 헤아렸나니. 『리그베다』 「태양신 찬가」

여기서 말하는 세 번의 큰 발걸음은 태양 운행의 세 단계, 즉 일출·충천(沖天)·일몰을 의미한다. 비슈누의 발걸음 수와 삼족오의 다리 수가 모두 '3'이라는 점. 그리고 비슈누가 타고 다니는 가루다가 삼족오와 마찬가지로 신성한 새라는 점이 삼족오와 태양신 비슈누와의 상징적 친연성을 강하게 암시하는 부분이다.

달 속의 토끼와 두꺼비

고구려 벽화 고분의 월상도는 대체로 세 유형으로 나뉜다. 토끼만 그린 것, 토끼와 두꺼비를 함께 그린 것(장천 제1호분, 덕화리 제2호분), 그리고 두꺼비만 그린 것(덕흥리 벽화 고분, 약수리 벽화 고분)이 그것이다. 월상에 등장하는 토끼와 두꺼비는 어떻게 달과 인연을 맺게 되었을까?

사람은 신화와 전설을 만들고, 신화와 전설은 사람의 관념과 정신세계를 지배한다. 토끼와 두꺼비가 달의 정령이 된 것은 전적으로 이러한 신화의 지배력 덕분이다. 열 개의 태양 이야기, 곧 십일신화(十日神話)의 일부를 구성하는 항아분월신화(姮娥奔月神話)에 달로 도망간 여신선 항아와 토끼에 얽힌 일화가 전해진다. 그 줄거리를 요약하면 다음과 같다.

> 신궁 예(羿)가 한꺼번에 하늘에 떠올라 세상을 불바다로 만든 열 개의 태양 중 아홉 개를 활로 쏴 떨어뜨려 환란을 막는 공로를 세운다. 그러나 결과적으로 이는 천제 제준(帝俊)의 아홉 아들을 죽인 셈이 되어, 화가 난 천제가 그의 아내 항아와 함께 예를 인간 세상으로 추방한다. 신선

덕화리 제2호분의 월상도, 토끼와 두꺼비가 함께 등장하고 있다, 평안남도 대동군(위)
창덕궁 교태전 후원 굴뚝의 토끼(1), 창덕궁 연경당 석분의 두꺼비(2), 경복궁 교태전 아미산
수조의 두꺼비(3), 대흥사 원통전 창호의 토끼(4), 승복의 토끼(5)(아래)

계에서 쫓겨난 예와 항아는 더 이상 영원히 살 수 없게 된 것을 한탄하면서 불사약을 구하러 곤륜산의 서왕모를 찾아간다. 서왕모는 불사약을 만들어 주면서 "길일(吉日)에 부부가 함께 먹어야 효험이 있다"라고 말했지만 항아는 조급한 마음에 남편 몰래 불사약을 훔쳐 먹는다.

전거(典據)에 따라서는 불사약을 훔쳐 먹은 항아가 몸이 가벼워지면서 둥둥 떠 달에 도착했다 하기도 하고, 양심의 가책을 느껴 스스로 달로 도망쳤다고도 한다. 달에 도착한 후 항아가 어떻게 되었는지에 대한 내용도 구구하다. 선녀가 되어 잘 살았다는 내용도 있고「회남자」「남명훈」, 계속 과부로 지냈다는 이야기도 있다.

또 다른 이야기도 전해진다. 천년 수행 끝에 신선이 된 한 쌍의 토끼 부부가 슬하에 네 딸을 두었는데, 어느 날 남편이 옥황상제의 초청을 받아 하늘 궁에 가게 되었다. 천궁의 남문에 이르렀을 때 토끼는 항아가 어디론가 끌려가는 모습을 목격한다. 항아가 홀로 달로 유배 간다는 것을 직감한 나머지 불쌍한 마음이 들어 네 딸 중 하나를 항아와 함께 보내기로 결심한다. 딸은 부모 곁을 떠나기 싫어했으나, 아버지의 뜻에 따라 항아와 함께 달로 가게 되었다. 달에 있다는 토끼는 바로 그때 항아를 수행해서 간 토끼 신선이라는 것이다.

항아가 달에 도착해 월궁 광한궁에 들어가 숨으려 할 때

갑자기 두꺼비로 변했다는 얘기도 전해진다「후한서」「천문」. 또 한유의『모영전』(毛穎傳)에 인용된 신화에는 중산(中山)의 토끼가 신선술을 얻어 항아와 함께 두꺼비를 타고 달로 올라갔다고 되어 있다. 이 이야기대로라면 달에 있는 두꺼비는 항아와 토끼의 탈것인 셈이다.

달 속의 토끼에 관한 이야기는 불교의 석존 본생담(本生譚)에도 나온다. 바라문으로 변신한 제석천이 먹을 것을 구하러 숲에 내려왔을 때 수달은 물고기를, 원숭이는 과일을, 여우는 고기 조각을 물어다 대접했다. 그러나 토끼는 내줄 것이 없어 한탄하다가 나뭇가지로 불을 지피고 그 속에 제 몸을 던지며 제석천에게 자신을 먹으라 한다. 이에 감동한 제석천은 그 착한 마음씨를 만인이 기억하게 하려고 달에 토끼 모습을 새겼다는 것이다. 사찰의 법당 문짝이나 승복에 장식된 토끼 문양은 이 설화와 관련된 것으로 여겨진다.

신화적 사유는 이처럼 자유분방하고 현실과 공상을 넘나들기 때문에, 그 진위 여부를 따지는 것은 무의미하다. 중요한 것은, 월상의 토끼와 두꺼비는 고대인들의 천문관과 정신세계를 지배했던 신화의 세계가 구체적 양태로 드러났다는 점이다.

석비의 일·월상도
일·월상은 고구려 고분 벽화뿐만 아니라 고려시대 승려의 탑비와 조선시대 사대부의 묘비에서도 발견된다. 해와 달의 배치 형식은 두 종류인데, 하나는 비석 전면에 일·월을 병렬로 배치한 것이고, 다른 하나는 해를 전면에, 달을 후면에 각각 배치한 형식이다. 고려시대 작품인 법천사지 지광국사현묘탑비의 일·월상은 전자의 대표적 사례다. 비신 전면 위쪽에 산·소나무·상운(祥雲)·서초(瑞草)·비천(飛天) 등과 함께 일·월상이 선각되어 있는데, 화면 왼쪽(향우)에는 삼족오가 그려진 해가, 오른쪽(향좌)에는 토끼와 계수나무가 그려진 달이 배치되어 있다. 세밀하고 정교하며 화려하기까지 한 이 탑비의 일·월 장식은 고려시대 지배계급과 국사 간의 깊은 신뢰와 유대 관계를 짐작게 한다.

　조선 사대부 묘의 석비는 대부분 해를 전면에, 달을 배면에 배치하는 형식을 취하고 있다. 그 대표적인 사례가 남양주 와부읍 소재 박운(朴雲, 1488~1570) 묘비의 일·월상이다. 화관석(花冠石) 전면에는 해가, 후면에는 달이 새겨져 있으며, 해 속에는 다리 셋 달린 삼족오가, 달 속에는 방아 찧는 토끼의 모습이 표현되어 있다. 박운 묘비 외에도 정미수 묘비(1512), 이곤 묘비(1559), 변안렬 신도비(1571) 등 16세기 무덤의 석비에서도 이와 유사한 일·월상을 찾아볼 수 있다. 경기도 분당 율동에 위치한 청주한씨 문정공파 묘역의 한사개(韓士介, 1453~1521) 묘비에는 보름달이 아닌 상현달 모양의 월상이 새겨져 있어 이채롭다.

법천사지 지광국사현묘탑비(국보)의 일·월상, 원주 법천사지 소재

박운 묘비 전면의 일상(1)과 후면의 월상(2), 변안렬 신도비 전면의 일상(3)과 후면의 월상(4), 한사개 묘비 전면의 일상(5)과 후면의 월상(6), 이곤 묘비 전면의 일상(7), 정미수 묘비 후면의 월상(8)

해와 달은 별과 함께 우주의 본질을 드러내는 대표적 양태이다. 무덤과 묘비는 인간의 죽음을 확인하는 가시적 표상이며, 일월이 새겨진 묘비는 천문과 인문이 공존하는 장이라 할 수 있다. 천문과 인문이 공존하는 세계를 감성적으로 경험하긴 어렵지만, 이 묘비를 통해 우주 자연의 이치와 인간 생사의 의미를 자각할 수 있다면 그것만으로도 충분한 성찰이 될 것이다.

일월오악도의 해와 달

옛사람들은 해·달·별과 오악(五嶽)을 함께 일러 광악(光嶽)이라 했고, 그들에게 광악은 곧 천지를 의미하는 것이기도 했다. 어좌 장식화인 일월오악도의 경우 감청색 하늘 왼쪽(향우)에 그려진 것이 해이고, 오른쪽(향좌)에 있는 것이 달이다. 해를 붉은색, 달을 흰색으로 표현한 것은 음양론에 근거한 것이다.

일월오악도의 일·월이 가진 의미는 크게 '밝음'과 '편조'(遍照) 두 가지로 나눠진다. 한자 '明'이 암시하는 것과 같이 일·월은 한자가 처음 생길 때부터 '밝음'의 상징으로 통합되어 있었다. 『주역』에서도 "일·월의 도는 언제나 밝은 것이다"[日月之道 貞明者也]라고 했고, 또 "대인은 덕이 천지와 합치되고 밝음은 일월과 합치된다"[大人者 與天地合其德 與日月合其明]라고도 했다. 한편 맹자는 "해와 달은 밝음의 덩어리

창덕궁 〈일월오악도〉(위), 국립고궁박물관 소장
창경궁 명정전 〈일월오악도〉(아래)

라, 빛을 받아들일 만한 곳은 반드시 모두 비춰 준다"[日月有明 容光必照焉] 『맹자』「진심 상」라고 했다. 이처럼 밝음과 편조의 상징인 일·월은 상고시대 성군 요(堯)·순(舜)의 이미지와 겹치면서 태평성대의 표상이 되기도 했다.

    이러한 관점에서 일월오악도의 일·월은 단순한 천체가 아니라 진리의 도체(道體)이자 편조의 상징으로 통합된 해와 달의 모습이며, 또한 태평성대를 이룬 위대한 성군의 표상이라 할 수 있다. 간단명료한 일월오악도의 일·월상 속에는 천지와 덕, 일월과 밝음이 합치되는 왕도정치의 이상이 농도 짙게 함축되어 있다.

무신도의 해와 달

무속에서 해와 달은 신앙의 대상이다. 신라시대부터 일신님과 월신님께 부부 화합과 무병장수를 빌고, 홍수와 가뭄 피해가 없기를 기원했다는 기록이 『삼국유사』나 『동국여지승람』 등 여러 문헌에 보인다. 이처럼 일·월신은 인사(人事)의 크고 작은 고민을 해결해주는 신으로 추앙받아왔으며, 그 신앙의 역사는 오래되었다.

    조선시대 무화(巫畫)의 일신과 월신은 대개 인격화된 남녀 노인 모습으로 나타난다. 서울시 마포구 신수동 소재 복개당(福介堂)의 무화 중 하나인 세조대왕 영정에서 그 일례를 확인할 수 있다.

각종 무화 일월신도 부분, 국립민속박물관 소장

왕의 영정 신체(神體), 옛 서울시 마포구 신수동 복개당(福介堂)

음양론과 방위의 상징체계에 따라 그림 왼쪽에는 해를, 오른쪽에는 달을 배치하는 것이 이치에 맞다. 하지만 현존 무화 중에는 좌우 위치와 색깔이 바뀌어 있는 것도 적지 않다. 오른쪽 그림은 각종 일월신도의 일·월의 배치 위치와 색깔을 비교해 보여준다. 여기서 1과 2는 해와 달의 색과 좌우 배치가 모두 잘못된 예이고, 3과 4는 좌우 위치는 올바르나 달의 색이 잘못된 경우이며, 5와 6은 이치에 부합하는 사례이다.

불화 속의 일·월상

일상과 월상은 드물게 불화에도 나타난다. 김해 은하사 대웅전 영가단(靈駕壇)에 봉안된 〈아미타내영도〉가 그 한 예이다. 이 불화의 상단 좌측(향우)에는 해가, 우측(향좌)에는 달이 그려져 있는 것을 볼 수 있다. 봉안 위치가 영가단이라는 점

은하사 대웅전 영가단의 〈아미타내영도〉

이 이 불화가 장송의례용 그림임을 말해 준다. 불교의 궁극적 목적은 중생을 해탈의 경지로 이끄는 것이지만 중생이 항상 고민하는 생사의 문제를 가볍게 여길 수는 없다. 그래서 세속 불교에서는 기복적 기원과 의례를 행하는 경우가 흔하다. 그 대표적 의례 중 하나가 사십구재인데, 이 의례의 중심에 내 거는 불화가 바로 아미타내영도 또는 감로왕도이다. 은하사 〈아미타내영도〉에 그려진 해와 달은 신체(神體)로서 포섭된 해와 달이다.

한편 1565년, 조선 중종의 계비 문정왕후가 회암사 중수 불사의 낙성식에 맞추어, 아들 명종의 병세 회복과 세자 탄생을 기원하며 보시한 〈회암사 명 약사삼존도〉에도 일상과 월상이 나타나 있다. 두 보살이 쓴 보관(寶冠)에 각각 삼족오와 토끼가 그려져 있는데, 이를 근거로 하면 삼족오 장식 보관을

〈회암사 명 약사삼존도〉, 1565년, 국립중앙박물관 소장

쓴 오른쪽(향좌) 협시가 일광보살, 방아 찧는 토끼 장식 보관을 쓴 왼쪽(향우) 협시가 월광보살임이 밝혀진다. 일광보살은 태양처럼 빛나는 지혜로써 중생의 현실적 고통을 없애주는 보살이고, 월광보살은 달처럼 청정한 덕을 갖추고 중생의 모든 병을 다스리는 보살이다.

사찰에서 삼존불 형식의 불상을 조성할 때는 좌체우용론(左體右用論)을 배치의 기본 틀로 삼는다. 일광보살은 '체', 월광보살은 '용'에 해당하므로, 일광보살을 주존 왼쪽에, 월광보살을 주존 오른쪽에 배치하는 것이 원칙이다. 그런데 이 불화에서는 두 보살의 좌우 위치가 바뀌어 있다. 그 이유가 무엇인지 지금으로서는 알 방도가 없다.

별
인간의 수명과 길흉을 관장하다

삼광은 해·달·별을 통틀어 이르는 말로, 선조들에게 하늘의 이치와 인간의 삶을 잇는 상징이었다. 이 중 별은 인간의 수명과 길흉화복을 관장하면서 인간에게 교훈을 주는 존재로 인식되었고, 북극성·북두칠성·남극노인성과 같은 별자리는 세상의 질서를 읽어내는 기준이 되었다. 이 같은 천문관은 암석에 새긴 성혈(星穴)에서부터 고분의 성수도(星宿圖), 불교의 칠여래도와 칠성도 같은 종교화 속에 다양하게 형상화되었다.

북두칠성과 북극성

동양의 별자리 체계는 삼원(三垣) 이십팔수(二十八宿)로 표상된다. 천문·지리·인문을 불가분의 삼재(三才) 관계로 인식했던 고대인들에게 성수(星宿) 역시 인간과 독립된 별개의 세계가 아니었다. 별은 방위와 절기의 지표인 동시에 인간의 수명과 길흉화복을 관장하고 교훈을 내리는 존재로 여겨지며 인간과 긴밀한 관계를 맺고 있었다. 국가에서는 태일전(太一殿), 삼청전(三淸殿) 등 제단(祭壇)을 마련하고 성신에게 제사를 지냈고, 일반 백성들도 별들에 다양한 형태로 잉태와 장명과 재복을 빌었다.

밤하늘에는 수많은 별이 걸려 있지만 그중 고대인들이

고려 공민왕 현릉 천장의 〈성수도〉

가장 중요하게 여겼던 것은 북극성과 북두칠성이었다. 북두칠성을 섬기는 칠성 신앙은 여느 신앙보다도 우리 민족의 의식과 삶에 커다란 영향을 끼쳤다. 이를 증명해 주는 가장 오래된 유례가 장천 제1호분, 덕화리 제2호분, 진파리 제4호분과 같은 고구려 고분에 그려진 성수도(星宿圖)이다. 북두칠성을 중심으로 한 성수도는 고려시대 공민왕릉과 서곡리 벽화무덤 등에서도 찾아볼 수 있다.

『사기』「천관서」(天官書)에 따르면, 북두칠성은 천계의 중앙에서 네 방위를 통제하고 사시를 고르게 하며, 일·월과 오성을 감찰하고 절기를 밝혀 천문역법을 확정 짓는 별이다. 고대인들은 별의 정기가 생자득남(生子得男)과 위인의 탄생

칠성판, 변수(1447-1524) 묘 출토, 국립민속박물관 소장

에 영향을 미치며, 죽음과 관련된 평생 의례는 물론 대소 인사(人事)에까지 작용한다고 믿었다. 고구려 벽화 고분 등 각 시대 무덤에서 발견되는 북두칠성도는 이러한 신앙의 반영으로 장송 의례와 연결되어 있으며, 재탄생을 통한 생(生)의 영원성을 보장하는 신체(神體)로서 존재한다.

사람이 죽어 시신을 입관할 때 그 밑에 까는 판자를 칠성판이라고 한다. 한 조각의 판자에 북두칠성 모양을 본뜬 일곱 개의 구멍이 뚫려 있다 해서 그런 이름이 붙었다. 칠성판은 나무판에 북두칠성을 결합해 신체화(神體化)한 것으로 일종의 무구(巫具)와 같은 성격을 띤다. 북두칠성을 신체로 삼은 이유는 남두육성(南斗六星)이 양(陽)을 주관하고 생(生)을 상징하는 데 반해, 북두칠성은 음을 주관하고 죽음을 상징하기 때문이다. 칠성판 위에 시신을 안치하는 것은 망자를 음(陰)의 자리, 즉 생명의 근원으로 되돌린다는 상징적 의미가 있다. 『주역』「태괘」의 구삼(九三) 괘사에는 "가서 오지 않는 것은 없다"[无往不復]라고 기술하고 있는데, 이는 "만물이 극에

〈칠원성군도〉, 국사당 소장(위)
선암사 삼성각 〈칠성도〉, 주존은 치성광여래(아래)

달하면 반드시 되돌려진다"[物極必反]는 이치와 같다. 이처럼 칠성판에는 죽음 이후 환생에 대한 기대가 담겨 있다. 한편으로 칠성판의 시초는 압승(壓勝), 즉 사기를 누르는 용도로부터 비롯되었다는 설도 있다.

천계 운행의 중심축인 북극성은 북두칠성과 함께 양사(陽事)에도 관여한다. 그러나 이들 별의 신성(神性)은 추상적이고 관념적이어서 현실감 있게 경험하거나 인지하기 어렵다. 그래서 도교와 무교에서는 북극성과 북두칠성을 인간 형태로 구상화하고 이에 신격(神格)을 부여했다. 그 대표적 사례가 도교의 자미대제와 칠월성군, 그리고 무교의 칠성님이다. 이들 신상의 실제 모습을 서울 인왕산 국사당의 〈칠원성군도〉에서 확인할 수 있다. 이들의 공통점은 신체(神體)로서의 북두칠성을 강조한 나머지 별의 보편적 형상이 완전히 해체되었다는 점이다.

애초에 북극성과 북두칠성은 불교 교리와는 무관한 것이었다. 그런데 삼성각 등 북극성과 북두칠성 신을 모신 전각이 사찰 경내에 자리 잡게 된 것은 사찰 경영이라는 현실적인 문제와도 연결되어 있다. 숭유억불을 건국 이념으로 삼고 출발한 조선 사회에서 왕족과 관련된 원찰을 제외한 나머지 대부분의 사찰은 경영난을 겪을 수밖에 없었다. 그 해결책으로 절에 재(齋), 불공 등의 기복 의식을 끌어들이는 과정에서 무교의 성수 신앙을 수용하게 된 것이다. 불교적 도상으로 갈

칠성바위와 와불, 화순 운주사

아입은 북극성과 북두칠성 신은 칠성단 청사(講詞)에서 드러나 있듯이 대중의 소재연명(消災延命) 소원을 들어주고 수명과 행복을 증익시켜 주는 자애로운 존재로 받아들여졌다. 치성광여래와 칠여래는 그렇게 신앙의 대상으로 자리 잡았다.

칠성신앙과 관련된 유적 가운데 비상한 관심을 끄는 것은 전남 화순 운주사 경내에 있는 칠성바위와 와불이다. 둥글넓적하게 가공된 일곱 개의 바위가 사찰 북서쪽 언덕에 놓여 있는데, 오래전부터 이 지방 사람들은 이것을 칠성바위라고 불러왔다. 바위의 지름, 각 돌 사이의 거리, 위치와 두께 등을 측량한 결과 이 배열이 북두칠성과 같은 국자 모양인 것이 확인되었다. 칠성바위에서 멀지 않은 곳에는 와불(臥佛)이 있는데, 실측 결과 이 와불이 칠성바위 중 국자 머리 부분의 두 별, 즉 지극성(指極星)을 직선으로 연결한 선상에 있는 것이 확인되었다. 이는 이 와불이 북극성을 불교적으로 번안한 치성광여래임을 강하게 시사해 주는 것이다.

그런데 여기서 주목할 것은 운주사의 칠성바위에 나타난 북두칠성의 국자 모양이 우리가 일반적으로 알고 있는 북두칠성의 모습과는 다르다는 점이다. 이와 같은 형상은 운주사 칠성바위뿐만 아니라 고려 공민왕릉 천장과 칠성판에 그려진 〈칠성도〉에서도 동일하게 발견된다. 이는 땅에 발을 딛고 사는 인간의 시선으로 바라본 모양이 아니라, 우주 자연과 일체가 된 성인(聖人)의 시선으로 바라본, 다시 말해 원래 존재하는 그대로의 형상을 반영한 북두칠성 모습인 것이다.

북극성은 북신(北辰)으로도 불린다. 일찍이 공자는 "왕이 덕정(德政)을 펴게 되면, 북신(北辰)이 가만히 제자리를 지키고 있어도 뭇별들이 옹위하는 것처럼 된다"[爲政以德 譬如北辰居其所 而衆星拱之] 「논어」 「위정편」라고 했다. 이는 군왕이 덕으로 나라를 다스리면 강제하지 않아도 천하가 스스로 왕에게 귀의한다는 것을 북극성과 뭇별에 비유한 말이다. 이로부터 '공북'(拱北)이라는 표현은 신하와 백성들이 왕을 옹위해 그의 덕화에 귀의한다는 의미로 쓰이게 되었다. 하늘의 중추로서 북극성은 이처럼 유교적으로 해석·번안되어 왕정(王政)과 깊은 관련을 맺게 되었다. 이런 태도는 천문 이치를 인간사에 적용한 것으로, 우주에 대한 경이감과 호기심에서 출발하여 관측과 탐사를 통해 과학적 진실을 규명하는 서양 천문학의 태도와는 근본적으로 다른 것이다.

이십팔수와 사신도

동양 천문학의 별자리 체계는 삼원(三垣) 이십팔수(二十八宿)로 대표된다. 삼원은 자미원(紫微垣), 태미원(太微垣), 천시원(天市垣)을 가리키며, 이십팔수는 하늘의 적도 주변에서 관측되는 28개의 이정표 별자리로, 일종의 의미 체계를 이룬 성좌(星座)를 일컫는다. 이십팔수는 계절과 절기에 따라 그 위치가 달라지기에 시간적으로는 1년을 확정하는 좌표로 기능하며, 공간적으로는 방위를 구분하는 표지가 된다. 각 방위에 따라 각각 동방칠수[角·亢·氐·房·心·尾·箕], 서방칠수[奎·婁·胃·昴·畢·觜·參], 남방칠수[井·鬼·柳·星·張·翼·軫], 북방칠수[斗·牛·女·虛·危·室·壁]로 분류된다.

자연의 신비한 힘을 공경하고 두려워하여 신격화하는 것은 고대 사회의 특징 중 하나다. 이십팔수는 원래 천계 사방의 별자리를 지칭하는 것이었지만, 인문적 천문관과 길상 벽사의 사상이 복합적으로 작용하여 신격을 갖춘 방위신 역할을 하게 된 것이다.

세종 때 천문학자 이순지(李純之, 1406~1465)가 편찬한 우리나라 최초의 천문지『천문유초』(天文類抄)에는 이십팔수를 동궁·서궁·남궁·북궁과 중궁(中宮)으로 나누고, 각 방위의 별자리와 사신(四神)과의 관계, 사신의 형상에 관해 설명하고 있다. 그 내용을 발췌·요약하면 다음과 같다.

약수리 벽화묘 〈백호도〉(1), 강서대묘 〈청룡도〉(2)
강서대묘 〈현무도〉(3), 강서중묘 〈주작도〉(4)

동궁은 청제(靑帝)가 주관하니 그 정(精)은 창룡이며 각·항·저·방·심·미·기(角亢氐房心尾箕)의 7수로 이루어져 있다. 북궁은 흑제(黑帝)가 주관하니 그 정은 현무이며 두·우·여·허·위·실·벽(斗牛女虛危室壁)의 7수로 이루어져 있다. 서궁은 백제(白帝)가 주관하니 그 정은 백호(白虎)이며 규·누·위·묘·필·자·삼(奎婁胃昴畢觜參)의 7수로 이루어져 있다. 남궁은 적제(赤帝)가 주관하니 그 정은 주작이며 정·귀·유·성·장·익·진(井鬼柳星張翼軫)의 7수로 이루어져 있다. 중궁은 황제가 주관하니 그 정은 황룡이며 헌원(軒轅: 중국 신화 속 황제의 이름)이다.

사신상은 고구려시대 무덤 내부에 많이 그려졌다. 강서대묘, 강서중묘, 약수리 벽화묘, 사신총과 덕화리 제1호분의 벽화 등에서 그 유례를 확인할 수 있다. 이들 벽화 중에 강서대묘 〈사신도〉가 걸작으로 꼽히는데, 특히 〈현무도〉는 고구려 회화의 세련되고 완숙한 조형미를 유감없이 보여준다. 현무는 뱀이 거북을 타원형으로 휘감은 모습으로 그렸는데, 마주보는 두 동물 사이에 격동과 긴장이 충만하다. 〈백호도〉에서는 목을 길게 뻗은 채 입을 크게 벌린 모습이 백호의 용맹성을 잘 나타내고 있으며, 〈주작도〉는 억센 날개를 퍼덕이며 날아오르려는 듯한 자세로 묘사되어 역동적이고 무척 화려하다. 〈청룡도〉는 소리치고 있는 듯한 큰 입에 타는 듯한 혀를 내민 청룡의 모습인데, 속도감과 웅혼함이 전체를 지배한다.

　무덤 내부에 그려진 사신도는 단순한 방위 표지로서의 의미를 넘어, 망자의 거처를 하나의 소우주로 조성하고 그 존재에 영원성을 부여하는 상징적 장치로서 기능했다. 고구려 고분 벽화는 다분히 도교적 성격이 강했으며, 이러한 경향은 고려시대로 이어졌다. 그러한 전통은 안동 서삼동 벽화 고분(12세기 초), 개성 공민왕릉, 파주 서곡리 고려 묘의 벽화 등에서 볼 수 있다.

남극노인성

고대인들은 남쪽을 생명의 방위로 인식했다. 장수의 상징으로 회자된 남산, 남악, 노인성(老人星)이 모두 남쪽과 연결된 것도 결코 우연이 아니다. 『성호사설』「천지문」에 의하면, 노인성은 항상 추분 아침에 병방(丙方)에 나타나서 춘분 저녁에 정방(丁方)에 지는데, 사람들은 이 시기에 남쪽 교외에서 이 별을 보기 위해 모여들었다. 노인성이 빛이 밝고 크면 임금이 장수하고 세상이 평화로워지며, 반대로 나타나지 않으면 임금에게 걱정이 생긴다고 여겼다. 노인성이 나타나면 제단(祭壇)을 설치하고 제사를 지냈는데, 그 기원의 내용은 이러했다.

　신령한 광명을 크게 내고 보배의 눈으로 빨리 보살피사

〈수성노인도〉 국립중앙박물관 소장

〈수성노인도〉 복개당 판벽

이 어린 사람으로 하여금 길이 수명을 경력(慶曆: 송나라 인조의 연호)에 연장하고 억조 백성들까지 모두 태화(太和: 위나라 명제의 연호)의 즐거움을 맛보게 하소서. 『동국이상국집』「노인성에 드리는 초례문」

옛사람들은 노인의 연년익수(延年益壽)뿐만 아니라 자손들이 탈 없이 성장하여 수명장수하기를 노인성에 빌었다. 이러한 염원을 담아 그린 그림이 바로 수성노인도인데 주로 신년맞이, 돌맞이, 생일 축하와 환갑 선물용으로 제작되었다. 국립중앙박물관에 소장된 〈수성노인도〉는 축복과 축수(祝壽)의 뜻을 담은 그림이다. "하축치손원철수 일명남극향무궁"(遐祝稚孫元鐵壽 一明南極享無窮)〔어린 손자 원철의 수명이 한결같이 남극에 밝아 영원히 누리기를 멀리서 기원하노라〕이라는 화제가 적혀 있어 손자의 첫돌을 축하하기 위해 제작된 그림임을 알 수 있다. 또한 수성노인이 들고 있는 '壽'자 패에 적힌 '강원철'(姜元鐵)이라는 이름을 통해, 이 가문의 성씨가 강씨임이 확인된다.

노인성이 신격(神格)을 갖춘 신선으로 자리 잡은 것은 진시황이 천하를 통일하고 장안 부근 두현(杜縣)에 수성사(壽星祀)를 세우고 노인성에 제사를 지내면서부터라고 전해진다. 그림에 나타난 수성노인의 외형적 특징은 불거진 이마와 불룩 솟은 두상이다. 이 모습을 갖게 된 연유에 대한 여러 가지

설이 있으나, 그 가운데서 장수를 상징하는 여러 이미지가 융합되고 중첩된 결과라고 보는 설이 유력하다. 이 설에 따르면 높이 솟은 머리는 장수의 상징인 학의 머리가 우뚝 솟은 것과 관련이 있고, 불룩 튀어나온 이마는 한 개를 먹으면 천 년을 산다는 서왕모 요지의 천도에서 그 이미지를 따온 것이다. 이에 더해 머리카락이 없는 큰 머리는 회춘을 상징하는 것이라고 하며, 이유는 그 모양이 어린이의 머리와 비슷하기 때문이라고 한다.

상수
수에 담긴 우주의 이치

옛사람들은 하늘을 일러 '구천'(九天) 혹은 '구중천'(九重天)이라 했고, 지상의 명승은 '팔경'(八景)으로 개념화해서 불렀다. 이 경우 '九'와 '八'은 단순히 양의 많고 적음을 헤아리는 숫자가 아니라, 우주의 존재 양상과 변화 이치를 드러내는 상수이다. 방원(方圓)이 우주의 존재 양상을 드러내는 기하학적 모형이라면, 상수는 수로서 우주 자연의 이치를 나타내는 방도라 할 수 있다.

조선시대 사람들은 권위 건축인 궁궐, 서원, 향교를 지을 때 건물 정면과 측면 칸수에 일정한 상수를 사용했다. 예컨대 경복궁 근정전, 창덕궁 인정전, 창경궁 명정전과 같은 정전 건물이나 서원·향교의 명륜당과 같은 강학 공간에는 5의 상수를, 각 권위 공간의 출입문에는 3의 상수를 적용했다. 한편 궁정 복식의 경우, 조복(朝服) 위에 걸치는 폐슬(蔽膝)을 제작할 때 위·아래·빗변의 길이에 각각 1, 2, 3의 상수(象數)를 대응시켰다. 이렇듯 옛사람들이 건축물과 예술적 조형물에 상수를 적용한 것은 우주와 소통하면서 합일과 조화를 꾀하려는 데 그 목적이 있었다.

상수학의 기원

『주역』을 수학적으로 해석한 학문을 상수학(象數學)이라 한다. 여기서 '상'(象)은 형이상적인 조짐을, '수'(數)는 숫자를 뜻한다. 상수학은 하도와 낙서를 그 이론적 기반으로 삼는다. 하도는 중국 상고시대에 복희씨가 천하를 경영할 때 황하에서 나온 용마의 등에 그려져 있었다는 그림이고, 낙서는 하나라 우왕이 홍수를 다스릴 때 낙수에서 나타난 신령한 거북의 등에 쓰여 있었다는 글이다. 『주역』 팔괘와 1부터 10까지의 숫자와 그 상징적 의미는 하도에서 비롯되었으며, 낙서에서는 구궁(九宮)이 유래하였는데, 이 수가 후세 사람들이 자연의 이치를 인식하는 일종의 철학적 방법이 되었다. 지극히 관념적인 동시에 실제적인 구실을 하는 것이 동양사상의 특징 중 하나이다. 하도와 낙서 역시 형이상적인 신비 사상이면

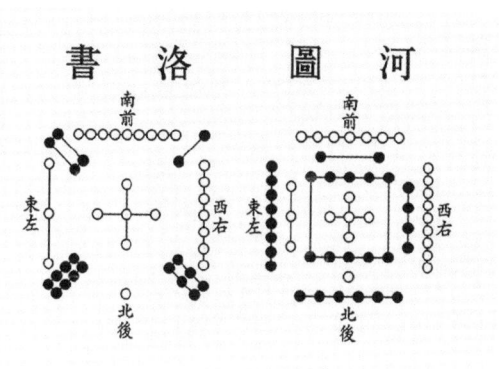

하도와 낙서, 5가 천지수의 중심을 차지한다.

서, 다른 한편에서는 역법으로도 쓰였고, 더 나아가 일상생활의 처세법까지를 지시하는 실용성을 지니고 있다.

하도에는 1부터 10까지의 수가 중앙과 사방에 배치되어 있는데, 홀수는 흰색의 양점으로, 짝수는 흑색의 음점으로 표시되어 있다. 이것을 방위와 연결시키면, 북에는 1과 6, 남에는 2와 7, 동에는 3과 8, 서에는 4와 9, 그리고 중앙에는 5와 10이 대응한다. 1·2·3·4·5를 생수(生數), 6·7·8·9·10을 성수(成數)라고 하는데, 성수는 중앙의 수인 5에 생수들을 더한 것이다. 생수와 오행의 관계를 살펴보면, 1은 수(水), 2는 화(火), 3은 목(木), 4는 금(金), 5는 토(土)가 된다. 수로써 상을 나타내는 것은 이뿐만이 아니라 1은 태극을, 2는 음양을, 3은 천·지·인 삼재, 또는 태극과 음양이 융합된 상태를 상징한다.

하도의 상수를 새긴 것으로 보이는 유적이 경기도 동두

동점마을 암각문(동두천시 향토문화재), 경기도 동두천시 탑동동(왼쪽)
동점마을 암각문에 새겨진 숫자와 문자(오른쪽)

천시 탑동동에서 발견되었다. '동점마을 암각문'이라는 이름의 이 바위 유적은 16세기에 제작된 것으로 알려져 있다. 거친 바위 표면에 一부터 九까지의 수가 음각되어 있는데, 횡으로 一·六, 二·七, 三·八, 四·九가 각각 짝을 이룬다. 이 수는 하도의 북·남·동·서에 배치된 수와 일치한다. 숫자와 함께 새겨진 '黃中元吉'(황중원길)이라는 네 글자는 마을의 번영을 기원하는 뜻을 담고 있으며, 『주역』 이(離) 괘 '육이'(六二)의 효사, 즉 '황리원길'(黃离元吉: 중용의 도를 지키면서 훌륭한 문명을 누리니 크게 길함)을 원용한 것이다.

문화재 안내판에는 "이 암각서는 토정 이지함(李之菡, 1517~1578)이 포천 현감으로 있을 당시에 만든 것으로 전해지고 있으나 확실치 않다"라고 기록되어 있다. 그러면서 "지금까지 한강 이북에서 이런 글씨가 바위에 새겨진 예는 거의 없다는 점에서 마을 번영을 기원하는 옛 풍습 연구에 귀중한 자료가 된다"라고 덧붙이고 있다.

권위 건축물에 적용된 상수 5

五는 '二'와 '乂'를 결합한 글자이다. 여기서 '二'는 하늘과 땅을, '乂'는 그 둘이 교차하는 모양을 나타낸다. 하도와 낙서에서 5는 중앙의 수이다. 중앙은 천지 사방이 종횡으로 교차하는 지점이며, 모든 방향으로 통하면서 모든 것을 포괄하는 위치이다. 그러므로 5는 모든 방위를 아우르는 상수라 할 수 있다.

이러한 상수 5는 조선 왕궁의 공간 구조에서도 확인된다. 경복궁에는 광화문·흥례문·근정문·사정문·향오문 다섯 개의 중문(重門)이 자오선 상에 배치되어 있다. 왕의 정침 구역은 연침(燕寢) 강령전과 소침(小寢) 연생전, 경성전, 연길당, 응지당 다섯 채의 건물로 이뤄져 있다. 또한 임금이 백관의 조하(朝賀)를 받는 법전인 근정전은 정면 5칸, 측면 5칸 구조를 갖고 있다. 창덕궁 인정전, 창경궁 명정전, 덕수궁 중화전 등 다른 궁궐의 법전 건물도 마찬가지다.

조선 말 고종이 하루는 연생전에서 『통감』 공부를 할 때 궁내부 특진관 신헌구(申獻求, 1823~1902)에게 이렇게 물었다. "숫자 5를 사용하는 이유가 무엇인가?" 이에 신헌구는 이렇게 대답하였다. "하도·낙서의 숫자는 5를 중궁(中宮)으로 삼습니다. 그러므로 숫자 5를 씁니다." 『승정원일기』 고종 6년 3월 30일

경복궁 근정전, 정면 5칸 측면 5칸(위)
서울 문묘 대성전, 정면 5칸(아래)

조선 후기 실학자 위백규(魏伯珪, 1727~1798)는 상수 5와 왕의 관계를 다음과 같이 설명하였다. "5는 하늘의 수[天數] 중 대기(大紀)이기 때문에 중(中)에 거하고 토(土)를 낳는다. 5가 스스로 5가 됨은 변함이 없는 것이니, 이것은 임금이 천하를 호령할 적에 자기 몸을 바르게 할 뿐 인위적인 행위를 하지 않는 것과 같고, 대장이 군대 가운데 있으면서 모든 작전권을 장악하고 사방의 변화하는 상황에 대응하는 것과 같다." 「존재집」「원도서」(原圖書)

각 궁궐 법전의 정면과 측면 칸수, 왕의 침전 전각 수, 그리고 문(門)의 수에 상수 5를 적용한 것은 하늘의 뜻을 대행하여 만물을 다스리는 왕이 만방의 중심에 군림하는 존재임을 드러내기 위한 것이었다.

궁궐 건물 외에 향교 건물에도 상수 5가 적용된 건물이 있다. 서울 문묘 대성전, 나주향교 대성전, 강릉향교 대성전 등이 그 예이다. 대성전은 유학자들의 존경과 추앙의 대상인 공자의 위패를 봉안하는 건물이다. 유학자들은 공자의 권위와 건물의 위엄을 높이기 위해 상수 5를 적용하였다. 평지의 경우에는 대지 북쪽 끝에 남향으로 건물을 배치하고, 구릉 지대의 경우에는 가장 높은 곳에 건물을 세워, 두 경우 모두 전면 칸수에 중궁의 상수인 5를 반영하였다.

대문에 적용된 상수 3

궁궐과 관아, 향교, 서원 등 유교 건축의 출입문은 대부분 삼문(三門) 형식을 취하고 있다. 이 형식의 구조적 특징은 중앙의 문이 좌우 협문보다 약간 더 높거나 넓다는 점이다. 그래서 전체적으로 보면 중앙의 문이 좌우 협문을 거느린 형국이다.

북송의 성리학자 주돈이(周敦頤, 1017~1073)는 『태극도설』에서 "태극이 움직이면 양이 생기고, 고요하면 음이 생긴다"라고 했다. 이를 상수로 말하면 1(태극)에서 2(음양)가 나온다는 말과 같다. 삼문 형식의 문에서 중앙의 문은 1, 좌우 협문은 2에 해당한다. 1은 태극을, 2는 음양을 상징하므로 태극과 음양 이치가 삼문에 적용되어 있다고 볼 수 있다. 다시 말해, 태극과 음양의 이치를 출입문에 적용하기 위해 삼문 형식을 취한 것이다.

3은 삼재(三才)를 상징하는 수이기도 하다. 삼재란 음양 변화의 근본인 하늘, 하늘의 기를 받아 만물을 생육시키는 땅, 그 사이에서 살아가는 사람을 함께 이르는 말이다. '三'자의 위쪽 획은 하늘을, 아래쪽 획은 땅을, 그리고 그 가운데 획은 사람을 표상한다. 우리가 습관적으로 사용하는 3이라는 숫자에는, 이처럼 우주 자연의 질서를 담은 철학적 상징이 배경으로 깔려 있는 것이다.

경복궁 근정문, 정면 3칸(위)
직산향교 외삼문, 정면 3칸(아래)

환구단과 불탑에 적용된 상수 9

역(易)에서는 1·3·5·7·9의 수를 천수(天數)라 했다. 그러므로 9는 곧 양수의 극(極)이 된다. 반면 2·4·6·8·10의 음수를 지수(地數)라 했다. 그래서 10은 음수의 극이 된다. 『성리대전』「율여신서」에서는 홀수와 짝수에 관해 "천지의 수는 1에서 시작하여 10에서 그친다. 1·3·5·7·9는 양이며, 9는 양의 완성이다. 2·4·6·8·10은 음이며, 10은 음의 완성이다"[按天地之數 始於一 終于十 其一三五七九爲陽 九者陽之成也 其二四六八十 爲陰 十者陰之成也]라고 정의하고 있다. 이처럼 9는 천수의 정점이자 하늘의 완성 수로서의 위상을 지닌다. 이 수의 상징은 제천의례 공간이나 불탑 건축 등에서 구체적으로 구현되었다.

조선 고종이 황제의 자격으로 천제(天祭)를 올리기 위해 건립한 환구단(圜丘壇)은 노천에 3단의 동심원 구조로 축성되었는데, 계단·기둥·난간의 수가 모두 9 또는 9의 배수로 이루어져 있다. 그 이유는 9가 하늘을 상징하는 천위의 상수이기 때문이다. 9를 하늘의 수 중 가장 크고 완전한 수로 인식했기에, 그 상징성을 제천의례의 공간 구조에 반영한 것이다. 또한, 환구단의 제일 윗단 중심에는 천심석(天心石)을 두어, 이곳이 곧 하늘의 중심임을 나타내기도 했다.

우리나라 사찰 불탑의 두드러진 특징 중 하나는 2·4·6·8·10 등의 짝수 층을 회피하고 3·5·7·9의 홀수 층을

경천사 10층 석탑, 지금은 국립중앙박물관 1층 상설전시장에 있다.

택하고 있다는 점이다. 이 같은 층급 설정은 불교 교리나 사상에 연유한 것이라기보다는, 상수 역학과 음양오행 사상과 관련이 깊다. 홀수는 양의 수이고, 양은 위치로 보면 상(上)·전(前)·고(高)이며, 인사(人事)로 보면 귀(貴)·존(尊)·길(吉)·복(福)에 해당한다. 반면 짝수는 음의 수이고, 음은 위치로 보면 하(下)·후(後)·저(低)이며, 인사로 보면 천(賤)·비(卑)·흉(凶)·화(禍)에 대응된다. 따라서 탑의 층급을 3·5·7·9와 같은 양의 수로 설정한 것은, 곧 2·4·6·8·10 등 음의 수에 담긴 부정적 의미를 배척했다는 의미가 된다.

그런데 이러한 홀수 층을 취하는 석탑의 일반적인 관례를 벗어난 것처럼 보이는 사례도 있다. 서울 탑골공원의 원각사지 십층석탑과 국립중앙박물관의 경천사 십층석탑이 그것이다. 이들은 10층 석탑이라는 점에서 일견 음수 구조를 가진 듯 보이지만, 자세히 살펴보면 기단을 제외한 탑신부가 평면이 '亞'자형인 3개 층과 방형인 7개 층으로 이루어져 있다. 그래서 이 석탑들 역시 양의 상수를 반영한 홀수 층의 조합으로 이루어진 탑이라 말할 수 있다.

공예품에 적용된 상수

옛사람들은 의례용 악기에도 상수를 적용했다. 관련 사례들을 고전에서 찾아볼 수 있는데, 『삼국사기』 「제사·악」 조에는 다음과 같은 기록이 전한다. "거문고를 만들 때 길이를 3

자 6치 6푼으로 한 것은 366일〔1년〕을 적용한 것이고, 너비를 6치로 한 것은 육합(六合)〔천·지·동·서·남·북〕을 상징한 것이다." 또한 "현악기의 다섯 줄은 오행(목·화·토·금·수)을 상형화한 것이다"라는 기록도 같은 문헌에 보인다. 조선시대의 사직단 시설과 각종 의식을 기록한 『사직서의궤』(社稷署儀軌) 「악기도설」에서는 "금(琴)

폐슬, 상·하변과 전체 길이를 1:2:3으로 하여 삼재(三才)를 상징했다.

의 몸체를 다섯 등분하여 셋이 위가 되고 둘이 아래가 된 것은 삼천양지(參天兩地)의 뜻이다"라고 했다. 이처럼 천지와 천체 운행, 계절 변화, 오행 등과 관련된 상수를 악기에 적용한 것은 이를 통해 우주 자연과 인간 사이의 소통과 조화를 꾀하려는 데 그 목적이 있었다.

　　임금의 곤복이나 벼슬아치의 조복 위에 착용하여 무릎 앞을 가리는 장식인 폐슬에도 우주 상수를 적용했다. 폐슬은 마름모꼴 형태인데, 위의 너비를 1자로 하여 하늘의 수 1을, 아래 너비를 2자로 하여 땅의 수 2, 전체 길이를 3자로 적용하여 삼재(三才)를 나타내었다.

　　악기나 복식뿐만 아니라 주거 공간에도 상수가 적용되었

다. 『산림경제』「복거」(卜居) 조에 이런 내용이 있다.

> 부엌 만드는 법은, 길이는 7척 9촌인데, 이는 위로 북두칠성을 상징하고 아래로 구주(九州)에 응한 것이고, 너비는 4척인데 이는 사시(四時)를 상징한 것이며, 높이는 3척인데 삼재(三才)를 상징한 것이다. 그리고 부엌 아궁이의 크기는 1척 2촌인데 이는 12시를 상징함이고, 솥은 두 개를 안치하는데 이는 일월을 상징함이며, 부엌 고래의 크기는 8촌인데 이는 팔풍(八風)을 상징한 것이다.

이처럼 상수는 우주의 존재 원리와 계절과 시간의 운행 이치를 인간사에 적용하는 방편으로 사용되었다.

쌍과 짝을 만드는 상수 2
전통 미술, 특히 민화에서 새나 짐승들이 쌍을 이룬 모습을 흔하게 볼 수 있다. '쌍'은 쌍가락지나 쌍둥이와 같이 둘이라는 의미도 있지만, 쌍은 원래 암수 쌍방으로 이루어진 그 일체의 짜임을 의미한다. 다시 말해 2로써 1을 이룬 형국을 쌍이라 하는 것이다.

쌍의 상호관계는 음·양과 태극에 빗대어 설명할 수 있다. 음·양이 태극을 이루는 것처럼 암수가 한 쌍을 이룬다. 태극은 음과 양의 결합이고, 쌍은 암·수의 결합이다. 음과 양이

〈쌍록도〉, 가회박물관 소장(왼쪽)
〈쌍조도〉, 오죽헌민속박물관 소장(오른쪽)

송학도의 여러 가지, 국립민속박물관 소장(1, 2)
가회박물관 소장(3), 국립민속박물관 소장(4)

〈매월 문양〉, 경복궁 자경전(1) 〈매월도〉, 개인 소장(2)
〈매월도〉, 국립고궁박물관 소장(3) 〈어몽룡 야매초월도〉, 국립중앙박물관 소장(4)

상호 대립적이면서도 상대를 있게 해주는 의존적 관계에 있는 것처럼 암·수 또한 서로 모자라는 부분을 보완하는 상보적(相補的) 관계에 있다. 양 단독으로는 낳지 못하고, 음 단독으로는 이루지 못한다. 그러므로 암·수가 서로 분리된 채 존재하는 상태는 대립 상(象)이 되어 불안을 유발하게 된다. 이러한 대립 양상은 음양 조화라는 자연 이치를 숭상하고 안정과 상생을 추구해 온 한국인의 정서에는 맞지 않는다. 그래서 민화 화가들은 자기주장과 개성을 앞세우기보다, 쌍이라는 상투적이고 정형화된 방식을 고수하면서 수요 대중들의 취향과 요구에 부응코자 노력했던 것이다.

한편 '짝'은 고무신 한 짝, 갈비 한 짝과 같이 수를 세는 단위로도 사용되지만, 민화 등 전통 미술에서의 짝은 예컨대 소나무와 학, 매화와 달처럼 이질적 존재들이 결합된 양상을 가리킨다. 문학에서 '강호'(江湖)라는 표현이 단순히 강과 호수를 통칭하는 것을 넘어 '탈속'[속세를 벗어난 삶의 이상]의 개념으로 확장되는 것처럼 그림에서 이종 간의 긴밀한 결합 구조는 더욱 깊고 넓은 이야기를 생성, 완성하는 중요한 미학적 기능을 가진다. 민화에서는 까치와 호랑이, 매화와 보름달, 학과 소나무, 봉황과 오동나무(또는 대나무) 등이 바늘 가는 데 실 가듯이 짝을 이루는데, 비록 이 결합이 관습적이고 상투적인 것이라 해도 쌍과 마찬가지로 짝이 가진 정서적, 미학적 의미는 매우 크다 할 것이다.

참고문헌

— 고전(古典)

『논어』(論語)

『논형』(論衡)

『맹자』(孟子)

『모영전』(毛穎傳)

『산해경』(山海經)

『서경』(書經)

『시경』(詩經)

『열자』(列子)

『예기』(禮記)

『원각경』(圓覺經)

『주례』(周禮)

『주역』(周易)

『주자가례』(朱子家禮)

『중용장구』(中庸章句)

『춘추』(春秋)

『춘추번로』(春秋繁露)

『태극도설』(太極圖說)

『통감』(通鑑)

『풍속통의』(風俗通義)

『형초세시기』(荊楚歲時記)

『회남자』(淮南子)

― 문집(文集)

『갈암집』(葛庵集), 이현일

『계원필경집』(桂苑筆耕集), 최치원

『고산유고』(孤山遺稿), 윤선도

『기암집』(畸菴集), 정홍명

『기언』(記言), 허목

『농암집』(農巖集), 김창협

『다산시문집』(茶山詩文集), 정약용

『대산집』(臺山集), 김매순

『동강유집』(東江遺集), 신익전

『동국이상국집』(東國李相國集), 이규보

『명고전집』(明皐全集), 서형수

『무명자집』(無名子集), 윤기

『묵재일기』(默齋日記), 이문건

『백담집』(栢潭集), 구봉령

『백사집』(白沙集), 이항복

『사가집』(四佳集), 서거정

『속동문선』(續東文選), 신용개 등

『송자대전』(宋子大全), 송시열

『순암선생문집』(順菴先生文集), 안정복

『신독재전서』(愼獨齋全書), 김집

『어우집』(於于集), 유몽인

『옥담사집』(玉潭私集), 이응희

『이계집』(耳谿集), 홍양호

『존재집』(存齋集), 위백규

『추재집』(秋齋集), 조수삼

『평원합집』(平原合集), 이종우

『포저집』(浦渚集), 조익

『허백당보집』(虛白堂補集), 성현

『홍재전서』(弘齋全書), 정조

『환재집』(瓛齋集), 박규수

— 사서(史書)·기타 지식 문헌

『경도잡지』(京都雜志), 유득공

『국조보감』(國朝寶鑑)

『궁궐지』(宮闕志)

『동국세시기』(東國歲時記), 홍석모

『동국여지승람』(東國輿地勝覽), 노사신 등

『동국여지지』(東國輿地誌), 유형원

『동사강목』(東史綱目), 안정복

『사기』(史記)

『사물기원』(事物紀原)

『사직서의궤』(社稷署儀軌)

『산림경제』(山林經濟), 홍만선

『삼국사기』(三國史記)

『삼국유사』(三國遺事)

『삼국지』(三國志)

『설문해자』(說文解字)

『성호사설』(星湖僿說), 이익

『세종실록지리지』(世宗實錄地理志)

『수서』(隋書)

『승정원일기』(承政院日記)

『신증동국여지승람』(新增東國輿地勝覽), 이행 등

『오산설림초고』(五山說林草藁), 차천로

『오주연문장전산고』(五洲衍文長箋散稿), 이규경

『위학지방도』(爲學之方圖), 박지원

『조선왕조실록』(朝鮮王朝實錄)

『주비산경』(周髀算經)

『천문유초』(天文類抄), 이순지

『하도괄지도』(河圖括地圖)

『해동역사』(海東繹史)

『후한서』(後漢書)

― 단행본

구미래, 『한국인의 죽음과 사십구재』, 민속원, 2009.

김태곤, 『한국무속연구』, 집문당, 1981.

변지선, 『서울 지노귀굿 연구』, 민속원, 2015.

윤열수, 『龍 불멸의 신화』, 대원사, 1999.

이연재, 『고려시와 신선사상의 이해』, 아세아문화사, 1989.

임동권, 『한국세시풍속』, 서문당, 1999.

정병모, 『민화 가장 대중적인 그리고 한국적인』, 돌베개, 2012.

정태혁, 『인도철학』, 학연사, 1991.

허 균, 『전통미술의 소재와 상징』, 교보문고, 1991.

_____, 『한국의 정원, 선비가 거닐던 세계』, 다른세상, 2002.

_____, 『허균의 우리 민화 읽기』, 북폴리오, 2006.

_____, 『사찰 100미 100선-상·하』, 불교신문사, 2007.
_____, 『궁궐 장식』, 돌베개, 2011.
_____, 『전통 건축 장식의 비밀』, 대원사, 2013.
_____, 『옛 그림에서 정치를 걷다』, 깊은나무, 2015.
허균·이경재, 『선인들이 남겨 놓은 삶의 흔적들』, 다른세상, 2004.

— 논문

고연희, 「문학과 회화가 공유했던, 개의 의미 - '鷄犬', '金鈴犬', '梧桐吠月'을 중심으로」, 『대동한문학』 55, 대동한문학회, 2018.
김무찬, 『한국 상여의 변천사에 관한 연구』, 동국대학교 불교대학원 석사논문, 2003.
김봉건, 『동중서 천인감응사상의 연구』, 동아대학교 철학과 박사논문, 1991.
김영성·박종철, 「전남 화순 운주사의 칠성석에 관한 천문학적 조사」, 『천문학논총』 10, 한국천문학회, 1995.
김용권, 「조선시대 세화의 시원 연구」, 『동양예술』 12, 한국동양예술학회, 2007.
김윤정, 『조선 후기 세화 연구』, 이화여자대학교 대학원 석사논문, 2001.
김주미, 「해 속의 삼족오를 통해 본 '3'의 의미 고찰-'해 속의 삼족오'와 한국 사상에 반영된 천지인 합일 사상」, 『고조선단군학』 25, 고조선단군학회, 2011.
김한신, 「당·송대 재이론(災異論)의 변화」, 『중국고중세사연구』 60, 중국사학회, 2021.
박광규, 『방위관에 따른 동·서양 건축의 비교 연구-신화·종교적 우주론을 중심으로』, 한양대학교 대학원 석사논문, 1983.
양은영·이진수, 「한국 신선사상의 전개」, 『도교문화연구』, 한국도교문화학회, 2001.

유미나, 「채색 선인도, 복·록·수를 기원하는 세화」, 『강좌미술사』 53, 한국불교미술사학회. 2019,

윤진영, 「사찰 민화와 불화 속 궁중 회화 양식의 경계」, 『한국민화』, 한국민화학회, 2023.

윤호진, 「불교의 죽음 이해」, 『신학과 사상』 21, 가톨릭대학교출판부, 1997.

이경화, 「조선시대 감로탱화 하단화의 풍속장면 고찰」, 『미술사학연구』 220, 한국미술사학회. 1998.

이시찬, 「『좌전』(左傳)에 보이는 천인 관계에 대한 고찰-재(災) 예언을 중심으로」, 『중국문학 연구』 59, 한국중문학회, 2015.

이재봉, 『중국철학에 있어서의 천인합일론에 관한 연구』, 부산대학교 철학과 박사논문, 1991.

전호태, 「고구려 고분벽화에 보이는 세계관과 생사관」, 『역사학보』 240, 2018.

주강현, 『한국무속의 생사관-동아시아 기층문화에 나타난 죽음과 삶』, 한림대학교 인문학연구소, 1995.

찾아보기

ㄱ

「경재잠」(敬齋箴) 209
「관동별곡」(關東別曲) 96
「광한궁옥루상량문」(廣寒宮玉樓上樑文) 18
가무장송도 77
〈가무행렬도〉 78, 79
〈가응도〉(架鷹圖) 39, 41
『갈암집』(葛庵集) 232
감로왕도 75, 145~147, 251
감모여재도(感慕如在圖) 75, 137~140, 142, 145
감은사지 동삼층석탑 사리장엄구 199~201
강홍중(姜弘重) 143
개천설(蓋天說) 216, 217, 218
건원중보 229, 230
『경도잡지』(京都雜志) 42
경직도 191
〈경회루 36궁도〉 223, 224
『계원필경집』(桂苑筆耕集) 217
『고산유고』(孤山遺稿) 33
『고종실록』 226

공북(拱北) / 공북지성(拱北之誠) 168, 175, 176, 259
공북정(拱北亭) 174, 176, 177
구봉령(具鳳齡) 174
『국조보감』(國朝寶鑑) 202
『궁궐지』(宮闕志) 205
권준(權準) 86
귀면 63~69, 71, 131~133
금동신발 75, 95~98
『기암집』(畸菴集) 48
「기언」(記言) 102
김장생(金長生) 209
김집(金集) 143
김창협(金昌協) 104
까치호랑이 그림 55, 57
꼭두 105~112, 114

ㄴ

낙서 129, 233, 268~270, 272
남극노인성 253, 263
남효온(南孝溫) 32
내삼문(內三門) 138, 197~199
『논어』(論語) 137, 168, 259

『논형』(論衡) 51, 236
『농암집』(農巖集) 104
능역 조형물
　문·무인석　75, 115, 117, 122, 124
　　~126, 201
　호석　75, 126, 128~131
　석호　75, 102, 115~119, 122, 201
　석양　75, 115~118, 121, 122, 201
　석마　75, 117, 118, 121~123, 201

ㄷ

『다산시문집』(茶山詩文集) 169
단응삼두형 삼재부　55, 58
당삼목구(唐三目狗) 62, 63
『대산집』(臺山集) 144
『대지도론』(大智度論) 115
『동강유집』(東江遺集) 144
『동국세시기』(東國歲時記) 55
『동국여지승람』(東國輿地勝覽)
　171, 177, 248
『동국여지지』(東國輿地誌) 163
『동국이상국집』(東國李相國集)
　225, 263
〈동궐도〉 202, 204, 205
동래(東來) 171~173
『동사강목』(東史綱目) 174
동입서출(東入西出) 156, 181, 211
동점마을 암각문 269, 270

동제신주문경 92, 93

ㄹ·ㅁ

『리그베다』 238
마답흉노석상 122
망주석(望柱石) 133~135
〈매월도〉 282
『맹자』(孟子) 246
명계의 지남거 94, 95
『명고전집』(明皐全集) 39
『모영전』(毛穎傳) 241
묘장 벽화 77, 79, 83, 85
『무명자집』(無名子集) 219
무신도 248
『묵재일기』(默齋日記) 45, 46, 48
문배(門排) 42, 49, 50
〈문배도〉 43

ㅂ

〈바리공주〉 88, 90, 94
박규수(朴珪壽) 44, 45
박운(朴雲) 243, 245
박지원(朴趾源) 44, 94
〈반야용선도〉 92, 93
방격규구경(方格規矩鏡) 228, 229
배북향남(背北向南) 155, 165, 173,
　181
배서향동(背西向東) 156, 178

『백담집』(栢潭集) 174
『백사집』(白沙集) 135
법천사지 지광국사현묘탑비 242, 244
〈복희여와도〉(伏羲女媧圖) 217, 218
본생담(本生譚) 242
〈봉래각 전도〉 22~24
〈봉명일월도〉(鳳鳴日月圖) 42
〈봉명조양도〉 27, 28
〈봉황도〉 27, 28
〈봉황음〉(鳳凰吟) 26, 28
부도(浮屠) 148, 150
〈부상일월도〉 158
부작화 53~56, 59, 61
부적 53, 54
북극성 86, 100, 168, 169, 215, 217, 253, 255, 257~259
북두칠성 86, 100, 168, 215, 253~255, 257~259, 279
비슈누 238

ㅅ

『사가집』(四佳集) 177
『사기』(史記) 15, 96, 136, 235, 254
『사물기원』(事物紀原) 133
〈사민도〉(四民圖) 44, 45
사방불 178, 179
사신도 79, 81, 82, 85, 86, 259, 262

『사직서의궤』(社稷署儀軌) 278
산경귀형문전 68
『산림경제』(山林經濟) 279
『산해경』(山海經) 162, 236
삼광(三光) 215, 234, 252
『삼국사기』(三國史記) 233, 278
『삼국유사』(三國遺事) 248
『삼국지』(三國志) 88
삼문(三門) 156, 190, 273, 275
삼신선도(三神仙島) 14~17, 19, 20, 22
삼원(三垣) 237, 253, 259
삼응형 삼재부 55, 58
삼인검 54
삼재(三才) 55, 59, 224, 253, 269, 275, 279
삼족오(三足烏) 236~238, 243, 251
상석(床石) 131, 133
상석(象石) 115, 120, 121, 124
상수(象數) 215, 216, 237, 238, 267~270, 271~273, 275, 277~279
상여 75, 104~107, 110~114
상평통보 229, 230
서거정(徐居正) 176, 202
『서경』(書經) 25, 26, 32, 163, 205
선야설(宣夜說) 216
선풍도골(仙風道骨) 63
『설문해자』(說文解字) 51, 196

『성리대전』(性理大全) 275
성수도 86, 253, 254
『성종실록』 202
성현(成俔) 39
『성호사설』(星湖僿說) 104, 183, 219, 263
『세종실록지리지』 220
세화 38, 39, 42, 44~49
『속동문선』 32
송시열(宋時烈) 42
『송자대전』 42
『수서』(隋書) 78
수성노인도 263~266
『순암선생문집』 33
『승정원일기』(承政院日記) 126, 272
『시경』(詩經) 28
신도(神荼) 42, 53
『신독재전서』 144
신익전(申翊全) 144
『신증동국여지승람』(新增東國輿地勝覽) 176, 177, 226
신헌구(申獻求) 272
〈십이지신도〉 84, 85
십이지신상 75, 84~86, 98~100, 126, 128~131
십일신화(十日神話) 239
〈쌍록도〉 280
쌍응형 삼재부 55, 58

〈쌍조도〉 280

ㅇ

〈아미타내영도〉 250, 251
안정복(安鼎福) 33
안축(安軸) 96
안향(安珦) 232
〈어몽룡 야매초월도〉 282
『어우집』(於于集) 120
여재문(如在門) 138
연화귀형문전 68, 70
『열자』(列子) 15
『예기』(禮記) 76, 101, 159
오륜탑 75, 77, 148, 150, 151
『오산설림초고』(五山說林草藁) 19
『오주연문장전산고』(五洲衍文長箋散稿) 170
『옥담사집』(玉潭私集) 233
와불(臥佛) 258
외삼문(外三門) 156, 197~199, 210, 211, 274
울루(鬱壘) 42, 53
『원각경』(圓覺經) 149
위백규(魏伯珪) 272
위지공(尉遲公) 42
『위학지방도』(爲學之方圖) 94
유득공(柳得恭) 42, 170
유몽인(柳夢寅) 120

윤기(尹愭) 219
윤리문자도 31, 33, 37, 38, 137, 193
윤선도(尹善道) 33
음양오행론/음양오행 사상 155, 228, 237, 277
『이계집』(耳谿集) 230
이구(李球) 106, 114
이규보(李奎報) 224, 225
이문건(李文楗) 45, 46, 48
이상정(李象靖) 144
이색(李穡) 173, 174
이순지(李純之) 260
이십팔수(二十八宿) 253, 259, 260
이응희(李應禧) 233
이익(李瀷) 182, 183, 219
이종우(李鍾愚) 24
이지함(李之菡) 270
이현일(李玄逸) 232
이황(李滉) 182, 183, 219
인물풍속도 79~81
일월신도 235, 248, 249
일월오악도 215, 234, 246~248

ㅈ

자라 14~16, 17, 21, 22, 24
장명등 136, 137
적석(赤舄) 96
정도전(鄭道傳) 167

정학순(丁學洵) 224
정홍명(鄭弘溟) 48
조광조(趙光祖) 45
조사서래의(祖師西來意) 171
『조선왕조실록』 26, 39, 44, 114, 167, 233
조수삼(趙秀三) 51
조익(趙翼) 187, 188
『존재집』(存齋集) 272
좌상우하(左上右下) 195
좌체우용론(左體右用論) 156, 183, 184, 252
주돈이(周敦頤) 273
『주례』(周禮) 101, 163
『주비산경』(周髀算經) 217
『주역』(周易) 29, 31, 32, 111, 162, 165, 170, 219, 222, 230, 246, 255, 268, 269
『주자가례』(朱子家禮) 114
주작도 82, 261, 262
『중용장구』(中庸章句) 137
지노귀굿 90, 91, 94
진묘수(鎭墓獸) 75, 101~104, 121
진숙보(秦叔寶) 42

ㅊ・ㅋ

〈천계도〉 60
〈천명신도〉(天命新圖) 19

『천문유초』(天文類抄) 260
천원지방(天圓地方) 217, 219, 224, 225, 228
최치원(崔致遠) 170, 171, 217
추원감시도 137, 141, 142
『추재집』(秋齋集) 51
『춘추』(春秋) 236
『춘추번로』(春秋繁露) 119
치성광여래도 215, 256~258
칠성도 253, 256, 258
칠성바위 258
칠성판 255, 258
칠여래도 215, 253
칠원성군도 215, 256, 257
키르티무카(Kirtimukha) 66, 67

ㅌ·ㅍ

탁삼재(啄三災) 58, 59, 62
『태극도설』(太極圖說) 273
토기
    집 모양 87, 88
    새 모양 88~90
    배 모양 90, 91
    수레 모양 94, 95
『통감』(通鑑) 272
평생도 190~193
『평원합집』(平原合集) 24
폐슬(蔽膝) 267, 278, 279

폐축삼재(吠逐三災) 62
『포저집』(浦渚集) 188
품계석 155, 162, 184, 185
『풍속통의』(風俗通義) 117

ㅎ

하도(河圖) 29, 129, 233, 268~270, 272
『하도괄지도』(河圖括地圖) 236
항아분월신화(姮娥奔月神話) 239
『해동역사』(海東繹史) 19
허난설헌(許蘭雪軒) 18
『허백당보집』(虛白堂補集) 39
현무도 81, 82, 261, 262
『형초세시기』(荊楚歲時記) 61
〈호응박토도〉(豪鷹搏兔圖) 39, 40
혼천설(渾天說) 216
홍양호(洪良浩) 230
『홍재전서』(弘齋全書) 135
화염각(火炎脚) 102
환구단(圜丘壇) 226~228, 275, 277
『환재집』(瓛齋集) 44
『회남자』(淮南子) 59, 236, 241
〈회암사 명 약사삼존도〉 251, 252
〈효자도〉(孝子圖) 36, 37
〈효제문자도〉 34, 35
『후한서』(後漢書) 102, 241